Les clés

POUR

LÂCHER PRISE

DISTRIBUTEURS EXCLUSIFS:

• Pour le Canada et les États-Unis:
MESSAGERIES ADP*
955, rue Amherst,
Montréal, Québec
H2L 3K4
Tél.: (514) 523-1182
Télécopieur: (514) 939-0406
* Filiale de Sogides ltée

• Pour la Belgique et le Luxembourg:
PRESSES DE BELGIQUE S.A.
Boulevard de l'Europe 117
B-1301 Wavre
Tél.: (010) 42-03-20
Télécopieur: (010) 41-20-24

• Pour la Suisse:
DIFFUSION: ACCES-DIRECT SA
Case postale 69 - 1701 Fribourg - Suisse
Tél.: (41-26) 460-80-60
Télécopieur: (41-26) 460-80-68
DISTRIBUTION: OLF SA
Z.I. 3, Corminbœuf
Case postale 1061
CH-1701 FRIBOURG
Commandes: Tél.: (41-26) 467-53-33
Télécopieur: (41-26) 467-54-66

• Pour la France et les autres pays:
INTER FORUM
Immeuble Paryseine, 3, Allée de la Seine
94854 Ivry Cedex
Tél.: 01 49 59 11 89/91
Télécopieur: 01 49 59 11 96
Commandes: Tél.: 02 38 32 71 00
Télécopieur: 02 38 32 71 28

Guy Finley

Les clés
POUR
LÂCHER PRISE

Libérez-vous des liens qui vous retiennent

Traduit de l'américain
par Louise Drolet

 le jour,
éditeur

Données de catalogage avant publication (Canada)

Finley, Guy

Les clés pour lâcher prise: libérez-vous des liens qui vous retiennent

Traduction de *Freedom from the ties that bind.*

1. Actualisation de soi.   2. Autonomie (Psychologie).   I. Titre

BF637.S4F5514   1995   158'.1   C95-940057-5

L'ouvrage original américain a été publié par
Llewellyn Publications, une division de Llewellyn Worldwide, Ltd.,
sous le titre *Freedom From The Ties That Bind*
[ISBN: 0-87542-217-9]

Dépôt légal: 1er trimestre 1995
Bibliothèque nationale du Québec

ISBN 2-8904-4546-1

Introduction

Que se passerait-il si vous saviez que tout est parfait en ce moment? N'est-ce pas ce que vous souhaitez, au fond? Quand vous faites face au soleil, votre ombre se trouve dans votre dos. Et si la seule raison pour laquelle votre vie ne va pas comme vous le voulez tenait au fait que vous cherchez le lever du soleil à l'ouest?!

Pourquoi lisez-vous ce livre-ci en ce moment? N'est-ce pas parce que votre cœur vous dit qu'il vous reste encore quelque chose à apprendre et à comprendre? Si vous êtes comme moi, vous avez essayé le spectre complet des «solutions» individuelles. Inutile d'énumérer la multitude de livres, de cassettes, de séminaires, de programmes, de régimes, de théories et de techniques que j'ai essayés (la seule évocation de certaines d'entre elles m'embarrasse), mais la citation suivante de Thoreau ne résume-t-elle pas cette quête pour vous aussi? «Tout constitue un gain si l'on est éveillé. Rien ne compte, à moins d'être éveillé. Nul plaisir ne dure, nul succès ne nous satisfait, nul gain n'a de signification sauf s'il est accompli dans un état de vigilance.»

Je ne comprenais pas très bien ce que voulait dire Thoreau quand j'ai lu cette citation la première fois, mais je sentais qu'elle était juste et qu'elle s'appliquait à moi. Elle sonnait vrai. Comme j'avais entrepris d'avancer dans cette nouvelle direction qui est celle de l'éveil, j'ai découvert que, mentalement, cela équivalait à me détourner de l'ouest pour faire face à l'est où j'ai alors contemplé mon premier lever de soleil. En fait, je me suis mis à *penser différemment* et cela a marqué le début d'une vie entièrement nouvelle pour moi.

Tant que nous n'avons pas découvert ni recherché cette nouvelle compréhension de notre esprit et de nos pensées, rien de ce que nous faisons, comme le dit Thoreau, ne nous satisfait. Une fois, cependant, que nous transformons notre mode de pensée, rien ne peut nous empêcher de réaliser nos désirs les plus chers. Je ne décris pas un principe religieux ou pieux ici, mais un principe des plus pratique. «Les riches seront plus riches et les pauvres, plus pauvres» est une affirmation tout à fait vraie. Remplacez le mot «riches» par n'importe quel autre terme et elle demeure aussi vraie. Essayez «heureux, satisfaits, sages, sereins, forts…» Toutes ces richesses intérieures seront vôtres. «Car quiconque possède des biens en recevra davantage et il aura tout en abondance. Quiconque n'a rien, perdra même le peu qu'il possède…» Voilà une autre façon d'énoncer ce principe.

«Quel est-il? Quel est le secret? Pourquoi ne suis-je pas en harmonie avec la vie? Pourquoi vais-je dans une direction quand le monde va dans l'autre?» vous demandez-vous. «Qu'ai-je besoin de savoir? Qu'est-ce que je perds?» sont les deux questions qui vous hantent. Ces deux questions vous épuisent et font que vous continuez de sautiller à gauche et à droite comme le pauvre lanceur d'assiettes d'un cirque.

«Oui, c'est exactement ce que je ressens. Que dois-je faire maintenant?» Cette question est précisément celle qui vous pousse à continuer de faire tournoyer vos assiettes. Dans *Les clés pour lâcher prise*, vous ferez une découverte inédite pour vous: vous verrez qu'il est plein de bon sens et sain d'esprit de *ne rien faire*! Imaginez ceci: vous apprendrez à *ne pas* répondre à l'appel à l'action qui vous a fait tourner en rond jusqu'ici.

Maintenant, vous vous dites: «Qu'entendez-vous par "ne rien faire"?! J'ai beaucoup *trop* à faire; je ne rattraperai jamais le temps perdu! De plus, je ne suis pas paresseux; je suis une personne d'*action*! Si je ne me charge pas de tout, qui le fera à ma place? Si je ne maintiens pas mon rythme, je prendrai du retard et alors où aboutirai-je?» La réponse est: vous serez libéré de votre morne routine et sortirez de l'engrenage. En outre, depuis ce nouveau point de vue, vous verrez votre vie et les événements sous une *perspective réelle*. Dans ce terrain solide, vous récolterez tout ce que votre cœur désire.

Les gens sereins, sages, heureux et prospères voient leur vie et les événements sous un angle différent. Un homme sage ne peut se laisser duper ni induire en erreur. Les «mauvaises nouvelles» n'ont pas d'emprise sur une femme sincèrement heureuse. Une personne prospère ne se laisse pas affoler par une nouvelle télédiffusée ou par une manchette sensationnelle du journal. Ces personnes sont habitées de façon permanente par une sagesse, un contentement et une richesse intérieurs et non extérieurs.

Ce que vous avez appris et croyez aujourd'hui, c'est que le bonheur, par exemple, est une chose que l'on doit soit gagner soit créer pour soi-même. Nous croyons que, pour être heureux, il faut créer un environnement heureux autour de soi: des enfants heureux, un conjoint heureux, des collègues de travail heureux, et un foyer heureux. De la même façon, nous tentons de «découvrir la sagesse» en lisant des livres sérieux, en tapissant nos murs de volumes reliés en cuir et en adhérant au cercle littéraire. Nous voyons le bonheur et la sagesse comme des «choses» externes qu'il faut conquérir, acquérir et ajouter à nous-mêmes.

Maintenant répondez à ma question: une femme vraiment heureuse ne l'est-elle qu'à la maison ou le demeure-t-elle même au milieu de la foule qui se presse au centre commercial? L'homme sage ne fait-il preuve de sagesse qu'au bureau ou le reste-t-il même s'il participe à un carnaval? Les réponses coulent de source. Quiconque est authentiquement heureux ou sage le demeure dans *chaque* situation. Il apporte cette qualité avec lui partout où il va. La sagesse et le contentement font partie de sa *nature*. L'inverse est aussi vrai. Une personne en colère ou ignorante apporte avec elle sa colère et son ignorance partout et dans toutes les situations. C'est ainsi que nos émotions colorent notre vision. Si nous sommes en colère, nous voyons le monde à travers les yeux de la colère de sorte que ce sentiment prend toute la place. Si nous sommes sages, nous trouvons de la sagesse dans ce que nous voyons de sorte que la vérité est notre vie.

Tout cela est parfaitement sensé. Notre nature détermine ce que la vie nous donne. Pour employer une image, notre miroir ne peut que refléter ce que nous sommes. Pour changer ce reflet, nous devons nous métamorphoser. Or, jusqu'ici nous avons plutôt tenté de modifier l'image que nous renvoyait le miroir. Autrement dit, comme l'explique Guy Finley, nous avons tenté frénétiquement de devenir heureux en collant un sourire sur cette image!

Encore une fois, tout cela est parfaitement logique. Où donc commettons-nous une erreur et pourquoi nous acharnons-nous à travailler sur notre reflet plutôt que sur notre nature, qui détermine ce reflet? Voilà pourquoi *Les clés pour lâcher prise* est un livre unique et un des rares à s'attaquer au cœur du problème et à nous montrer d'une manière colorée comment appliquer la seule solution efficace et durable. Dès les premiers passages du message spécial de l'auteur et de ses «Quarante façons de déterminer votre degré de liberté», vous serez conscient d'avoir mis la main sur quelque chose de vraiment différent et de plus puissant que tout ce que vous avez étudié jusqu'ici.

En transformant votre nature, vous transformez votre univers. Mettez une personne heureuse et une personne amère ensemble dans la même pièce et elles feront l'expérience de cette pièce d'une manière tout à fait différente. Par où donc commencer ce processus qui consiste à transformer notre nature? Il faut d'abord comprendre et observer notre nature actuelle et son fonctionnement. Les gens ne se comprennent pas et sont leur propre source de confusion et d'inquiétude constantes. Maintenant, grâce à ce guide-ci, vous apprendrez à *voir* votre colère avec de nouveaux yeux qui verront aussi que vous n'avez plus besoin d'*être* cette colère. Vous comprendrez que vous n'êtes pas tenu d'agir en fonction de l'anxiété que vous cause votre sentiment de futilité et de dépression; au lieu de cela, vous pouvez calmement observer vos pensées sans vous identifier à elles.

Avez-vous remarqué qu'une partie de vous s'est détendue et a éprouvé un certain soulagement en lisant ces mots? *Voilà* la partie cachée de votre nature que ce livre spécial vous fait connaître et avec lequel il vous invite à vous familiariser de plus en plus. Vous ressentirez un véritable changement dans votre nature et votre reflet dans le miroir se transformera peu à peu lui aussi! C'est précisément ce changement que vous avez cherché tout ce temps; l'appel que vous avez senti sans y répondre encore.

Les clés pour lâcher prise est différent de la plupart des autres livres, techniques ou disciplines que vous avez essayés parce qu'il aborde le principe clé le moins compris: vous n'êtes pas vos pensées. Vous ne créez pas vos pensées et vous n'êtes pas tenu d'obéir à aucune d'entre elles. Comme vous n'êtes qu'un récepteur de pensées, à l'instar d'une radio, vous pouvez tourner le bouton! Voilà une merveilleuse réalité qui libère et élève l'âme, et plus vous vous familiariserez avec elle, plus votre vie deviendra ce que vous avez toujours voulu qu'elle soit.

J'ai cherché la clé de ces principes pendant de nombreuses années pour les découvrir enfin vers la fin de la trentaine en entendant Guy Finley parler lors d'un talk-show diffusé à l'échelle nationale. Personne ne m'avait jamais décrit d'une manière aussi juste. Il me comprenait mieux que je ne me comprenais moi-même: mes espoirs, mes peurs, mes tentatives et mes échecs. Il avait déjà franchi le terrain instable que je tentais péniblement de traverser.

Je me mis à sa recherche et commençai d'assister à ses conférences. Mon sourire allait en s'élargissant à chacune d'elles. Je commençais enfin à comprendre ce qui m'avait dérouté: l'argent, les enfants, le mariage… la vie! J'ai appris qu'il n'existe pas de règles distinctes pour chaque voie de notre vie, mais plutôt un principe global qui, si on le comprend, en éclaire tous les aspects. Quand cette nouvelle forme de compréhension, plutôt que nos buts individuels et les événements, devient notre centre d'intérêt, tout commence à se clarifier.

Si vous avez jamais senti que la vie était une grande gare ferroviaire et que vous étiez un passager confus mais désireux de prendre le train, vous pouvez vous détendre maintenant: vous avez atteint la plate-forme d'embarquement qui conduit aux endroits les plus élevés…

Bienvenue à bord!

KEN ROBERTS

Ken Roberts est le fondateur et le président de The Ken Roberts Companies, *une multinationale dont la renommée en ce qui a trait à ses programmes d'éducation financière, s'étend à travers le monde entier.*

Un message de l'auteur

Songez un instant à ce que serait votre vie si vous viviez dans un monde où la réalité et votre bonheur étaient une seule et même chose, où tout ce qui se passait dans votre vie était exactement comme vous le souhaitiez. Imaginez cela!

Nul événement, nulle circonstance ne pourrait faire autrement que contribuer à votre bien-être. Chaque jour, tous les gens et les événements travailleraient pour vous. Et comme votre contentement dans ce monde nouveau surgirait de la séquence naturelle des événements, votre plus grand plaisir serait tout simplement de vous laisser aller et de laisser la vie couler dans la direction où elle veut.

Peut-il exister un monde dans lequel le contentement n'est pas que l'absence momentanée de conflit? Existe-t-il vraiment un endroit paisible où l'amour et le bonheur ne sont pas uniquement l'envers d'une médaille qui tourne constamment? Je vous assure que cet endroit existe et que nous sommes beaucoup plus proches de cet univers supérieur que nous le croyons de prime abord. En fait, ce royaume de la plénitude existe en chacun de nous. Peut-être en sentez-vous déjà la vérité. La plupart des gens le sentent. À un niveau ou un autre, nous savons tous que notre vie est incomplète et qu'il nous faut trouver notre véritable foyer.

Toutefois, c'est une chose que de sentir l'existence d'un univers supérieur et c'en est une autre que d'y accéder. Nous ignorons comment atteindre la porte de ce royaume, comment l'*ouvrir* et y *pénétrer*. Trop hardi? Pas le moindrement! Seule votre conscience conditionnée et captive fait que l'idée d'une liberté totale vous paraît impossible. Elle affiche une attitude implicite mais pénétrante envers la vie, qui consiste à chercher des façons de tirer parti de chaque situation négative; de ne pas jouer les trouble-fête quoi qu'il en coûte. Par conséquent, il ne fait quasiment aucun doute que nous payons tous ce prix. Mais c'est fini.

Rechercher autre chose qu'une libération complète de soi-même, c'est comme accepter de passer sa vie à bord d'un négrier bien aménagé sur lequel on ne doit ramer qu'aux deux semaines! Cessez de chercher des façons d'améliorer une vie axée sur un sentiment de servitude obligatoire. Ouvrez votre conscience à *un autre mode de vie*. C'est justement de cela qu'il est question dans *Les clés pour lâcher prise*.

LAISSEZ VOS PRÉFÉRENCES VOUS GUIDER JUSQU'À LA LIBÉRATION COMPLÈTE DE VOUS-MÊME

Aimez-vous les surprises agréables? Qui ne les aime pas! Aussi, permettez-moi de vous annoncer quelques bonnes nouvelles: vous trouverez, dans ce livre, des douzaines d'idées et de techniques utiles qui vous étonneront et vous enchanteront tout à la fois. Laissez-moi vous en présenter une dès maintenant. Je vous assure que ce principe nouveau et surprenant vous aidera à extraire les richesses intérieures contenues dans chacune des pages qui suivent.

Certaines des leçons supérieures qu'elles renferment vous dérouteront peut-être au premier chef. Si c'est le cas, vous pouvez quand même poursuivre votre travail avec succès. Voici comment. *Laissez simplement ce que vous aimez vous guider d'une étape à l'autre.* Voici comment cette règle insolite peut vous aider et vous conduire à une vie libre dans laquelle la peur ne tient aucune place. Veuillez examiner les points ci-dessous.

Lorsque nous écoutons les émouvantes compositions de Bach ou de Beethoven, nous nous calons dans notre fauteuil, nous détendons et goûtons la musique. Nul besoin de comprendre les harmonies complexes qui circulent dans l'air et à travers nous pour les apprécier. Pourquoi? Parce qu'il existe en chacun de nous une partie de nature secrète qui, parce qu'elle baigne déjà dans l'harmonie, reconnaît ce qui sonne juste.

Dans un même ordre d'idée, à l'instar des accords magnifiques, les idées supérieures émettent aussi un certain «son». Elles sonnent juste à nos oreilles ou non.

Voyez-vous la beauté qu'il y a à apprendre à se fier à ce processus interne? Nous savons toujours si une chose nous plaît ou non sans avoir à y réfléchir. De sorte que si une nouvelle idée nous attire et vibre en nous — même si elle va à l'encontre des croyances auxquelles nous attachions une grande valeur auparavant — nous nous y *intéressons* sans effort. Cet intérêt nouveau nous pousse à examiner nos vieilles croyances à la lumière de cette idée nouvelle. Bientôt, dans le sol fraîchement retourné de notre vie intérieure, des intuitions commencent à germer. C'est l'éclosion d'une vie nouvelle. Sa présence vitale alimente notre désir de poursuivre notre recherche intérieure. Comme chaque découverte sur nous-mêmes nous emmène encore plus loin à l'intérieur de nous-mêmes, nous élève encore plus haut, nous avons l'impression que ce merveilleux processus ne s'arrêtera jamais.

En suivant ces étapes intérieures, nous constatons que nous pouvons apprécier une chose que nous ne comprenons pas de prime abord et grandir grâce à elle. Tout en apprenant à faire confiance à cette forme nouvelle et plus élevée de notre intuition, nous nous rendons compte que notre appréciation de chaque idée véridique est en quelque sorte reliée à l'essence de cette même vérité. À mesure que nous accédons à une vérité de cette manière, *sa force et sa liberté deviennent nôtres.* Nous entrevoyons pour la première fois ce qu'est un esprit vraiment libre.

Avant d'entreprendre ensemble notre périple, j'aimerais souligner un autre point important: même si vous vous laissez guider par vos préférences tout au long de ce livre, il n'est pas dit que vous n'éprouverez pas une certaine résistance envers les principes et les idées que je m'apprête à vous révéler. En général, cette résistance survient chaque fois que l'esprit n'arrive pas à intégrer une idée nouvelle au cadre de sa propre structure. Si vous étiez tourmenté par ce combat intérieur, rappelez-vous la vérité suivante: la sagesse qu'elle renferme vous encouragera à opérer un choix en faveur de vous-même. *Pour grandir vraiment, il faut remplacer tous ses anciens concepts mentaux par de nouveaux, aussi, renoncez à ce que vous croyez savoir.* Vous verrez que cet échange salutaire entraînera une guérison naturelle de l'esprit et du cœur sans que vous ayez d'effort à faire.

Vous pouvez vraiment être libre.

À l'instar de la plupart des hommes et des femmes modernes, votre vie appartient sans doute à tout et à tous sauf à vous. Vous pouvez la regagner! Vous pouvez choisir de vivre comme vous voulez. Pensez-y!

Même les personnes peu commodes ne réussiront pas à vous détourner de votre but ni à mettre votre bonne humeur à l'épreuve. Vos relations seront fondées sur un choix et non sur un compromis. Quelles autres libertés attendez-vous? Ménagez-vous une agréable surprise et imaginez que vous:

1. renoncez à votre affreux besoin de prouver votre valeur à toutes les personnes que vous rencontrez.

2. voyez disparaître tous vos doutes et toutes vos anxiétés au sujet de l'avenir.

3. savez que vous n'aurez plus jamais besoin de regarder votre vie à la lumière de vos échecs passés.

Il y a plus: vous n'éprouverez plus jamais la nécessité de plaire au maître intérieur cruel qui passe son temps à vous dire que vous ne valez rien. Je m'explique. Une fois que vous aurez percé le magnifique secret de la libération spirituelle, vous saurez qu'aucun lendemain ne peut vous donner plus que ce que *vous êtes déjà*. *Cette découverte vous libérera entièrement et à jamais des liens qui vous retiennent.*

Votre succès est garanti. Osez seulement vous tourner vers le côté de vous-même qui aime ce qui est vrai *simplement parce que c'est vrai.* Laissez vos goûts vous guider jusqu'à la libération complète de vous-même et vous serez enfin libre.

Chapitre premier

Découvrez la liberté dont vous avez besoin pour vivre comme vous l'entendez

Tout en tentant de nous libérer des liens qui nous retiennent, nous passons la plus grande partie de notre vie à lutter contre de vagues ennemis qui apparaissent et disparaissent, telles les ombres qui se déplacent sur le sol de la forêt chaque fois que le soleil se cache derrière un nuage.

Pourtant, malgré toutes les batailles engagées et les victoires remportées, malgré tous les changements apportés à notre mode de vie et à nos relations, il y a une chose qui ne change pas: nous continuons de nous sentir attachés! Nous n'arrivons pas à nous débarrasser du poids qui pèse sur notre âme.

C'est pourquoi, même si toutes les autres méthodes de libération demeurent vagues, la découverte suivante perce ce brouillard psychique comme le rayon lumineux d'un phare par une nuit d'orage: tout véritable changement apporté à notre *vie extérieure* doit découler d'une transformation de notre *vie intérieure*. Plus précisément, *imputer à toute condition extérieure son sentiment de contrainte ou de captivité, c'est comme s'en prendre à ses chaussures parce qu'elles sont lacées trop serré!*

Si nous voulons réaliser notre désir de vivre comme nous l'entendons, si nous voulons devenir tout à fait libres et indépendants un jour, nous devons nous rendre à l'évidence: en dépit des apparences, les liens qui nous retiennent sont des créations de notre esprit. Ce sont nos propres pensées qui nous retiennent à terre. Elles s'enroulent autour de notre cœur et font souffrir notre esprit. C'est pourquoi notre lutte pour devenir libres doit être menée à l'intérieur de nous-mêmes, car c'est ce terrain qu'il nous faut reconquérir.

Même la peur lancinante de la catastrophe financière ou les inquiétudes concernant le vieillissement du corps prennent naissance dans notre espace intérieur; dans nos pensées et nos sentiments; plus précisément, elles dépendent de notre degré de compréhension à l'égard de ces pensées et de ces sentiments. Toutes les libertés, de même que le sentiment de lourdeur qui découle de leur absence, ont à voir avec notre niveau de conscience. Voilà pourquoi nous devons nous métamorphoser pour nous libérer des liens qui nous retiennent.

Donc, nous savons désormais que la lutte qu'il faut mener ne met pas en cause une personne, un lieu ni une circonstance, mais bien notre niveau actuel de conscience, un niveau de l'esprit qui est lui-même prisonnier de sa condition d'esclave, condition qu'il ne soupçonne même pas. Johann von Goethe, le célèbre poète et philosophe allemand, a souligné l'importance de cela quand il a dit: «Nul n'est aussi désespérément esclave que celui qui croit à tort qu'il est libre.»

Le sage conseil de Goethe laisse entendre que chaque parcelle de lumière que nous pouvons diriger dans cette obscurité que l'on appelle aveuglement est un premier pas vers la libération de soi-même. Invitez donc la lumière en acceptant joyeusement de faire l'exercice qui suit.

QUARANTE FAÇONS DE DÉTERMINER VOTRE DEGRÉ DE LIBERTÉ INTÉRIEURE

Vous voulez savoir à quel point vous êtes vraiment libre? Bien! Vous aurez bientôt une occasion unique de connaître votre degré de liberté intérieure.

Le test qui suit est très particulier, mais surtout ne vous inquiétez pas! Vous ne pouvez échouer à cet examen qui ne ressemble en rien à tous ceux que vous avez déjà passés. Son but est de vous aider à regarder en vous-même et à utiliser ce que vous voyez comme une jauge pour déterminer votre degré de liberté. Voici comment il fonctionne.

Vous trouverez ci-après quarante indicateurs internes qui vous permettront d'évaluer la distance que vous avez déjà parcourue sur le chemin de la liberté. Étudiez chacune des libertés mentionnées et décidez si elle vous appartient. Si vous devez faire un effort de réflexion, c'est sans doute que vous n'êtes pas aussi libre dans ce domaine particulier que vous voudriez le croire. Ne vous en faites pas. Cela est inévitable. N'oublions pas que le but de cette évaluation est simplement de vous apprendre ce qui est vrai à propos de vous-même et *non de vous prouver quoi que ce soit.*

Certains éléments de la liste vous étonneront peut-être. Si c'est le cas, acceptez-le, puis dites-vous que si vous ignoriez l'existence de cette liberté, c'est que, jusqu'ici, vous étiez persuadé de n'avoir d'autre choix que de subir une contrainte à cet égard. Maintenant vous voilà plus avisé! Laissez les quarante libertés qui suivent éveiller et remuer la partie secrète de vous-même qui sait que toute forme d'esclavage est un mensonge. Puis suivez vos antennes naturelles: elles vous guideront vers une vie plus libre.

Vous avez progressé sur le chemin de la liberté si:

1. Vous ne souhaitez pas changer de place avec qui que ce soit.

2. Vous surmontez les échecs sans vous arrêter ni regarder en arrière.

3. Vous ne pensez pas à votre vie sexuelle.

4. Vous acceptez et appréciez les éloges, mais ne les prenez jamais à cœur.

5. Vous ne faites pas d'excès de table et n'êtes pas porté à suivre des régimes.

6. Vous affrontez et faites ce qui est vrai pour vous sans craindre les conséquences.

7. Vous ne voulez rien de personne.

8. Vous ne pensez plus à l'argent que vous avez ou n'avez pas.

9. Vous ne laissez pas les contrariétés du moment qui vient de passer vous troubler dans le moment présent.

10. Les vieux ressentiments ne vous intéressent pas.

11. Vous passez plus de temps seul et goûtez davantage votre solitude.

12. Vous ne rêvez plus de vacances parfaites.

13. Vous ne cherchez plus du tout à l'emporter sur votre interlocuteur dans les discussions mentales.

14. Les nouvelles du soir ne vous effraient ni ne vous bouleversent.

15. Vous ne concluez plus d'ententes avec vous-même.

16. Vous vous habillez pour être à l'aise et non pour attirer les compliments.

17. Vous ne blâmez personne pour ce que vous ressentez.

18. Vous oubliez le trait qui vous déplaisait chez quelqu'un.

19. Vous êtes sensible aux besoins des autres et les prenez spontanément en considération.

20. Vous voyez de la beauté dans la vie là où vous ne pouviez jamais en voir avant.

21. Votre vie devient de plus en plus simple.

22. Vous voyez votre erreur plus tôt que tard et cessez plus vite de vous justifier.

23. Vous exécutez les tâches qui vous déplaisent d'un esprit plus léger.

24. Vous n'avez pas peur de n'avoir rien à dire ou à faire, si c'est vraiment le cas.

25. Vous acceptez les critiques sans fuir les vérités qu'elles renferment peut-être.

26. Vous ne vous souciez pas de l'opinion des autres.

27. Vous cessez de pousser les autres à voir la vie à votre façon.

28. Vous appréciez le son du silence plus que celui de votre voix.

29. Vous voyez en vous-même les mêmes traits déplaisants qui vous incitaient à éviter les autres.

30. Vous dites ce que vous voulez et non ce que vous pensez que les autres veulent vous entendre dire.

31. Vous vous réjouissez du bonheur des autres.

32. Vous voyez de plus en plus à quel point vous et les autres n'êtes pas vraiment libres.

33. Vos sautes d'humeur sont plus rares, plus légères et passent beaucoup plus vite.

34. Vous voyez que la société est en train de se détruire et que la seule solution est de changer soi-même.

35. Vous pouvez écouter les autres sans éprouver le besoin de leur dire ce que vous savez.

36. Aucune peur ne vous stimule.

37. Vous savez que pardonner aux autres est la chose la plus aimable que vous puissiez faire à vous-même.

38. Vous êtes conscient que le monde est ce qu'il est parce que vous êtes ce que vous êtes.

39. Vous préférez *ne pas* penser à vous-même.

40. Vous ne voyez jamais de bonne raison d'être inquiet ou effrayé.

J'aimerais souligner un autre point important avant que nous poursuivions notre recherche intérieure: *ne vous découragez jamais de votre position!*

Le découragement est une émotion négative qui possède plus d'un tour dans son sac. Elle vous pousse à demeurer mentalement ou émotionnellement à l'endroit même que vous voulez quitter. Laissez tomber votre peine pour de bon et osez percer à jour cette supercherie de votre inconscient.

Le seul fait de savoir que votre périple vers la liberté n'est pas terminé vous dit aussi que, où que vous vous trouviez aujourd'hui ou dans mille jours, ce n'est qu'un endroit par lequel passe votre route. Vous serez libre! Aussi laissez tous les découragements à la place qui leur convient: derrière vous!

Ce que vous êtes vraiment, votre vraie nature, n'est pas plus relié aux endroits ou à la personne que *vous avez été* que le vent n'est attaché au ciel qu'il traverse. Votre passé, ce que vous avez déjà été ne sont que cela: *le passé*, une position de votre psyché qui n'est pas plus réelle que l'image d'un château sur une carte postale n'est faite de pierre.

Comme vous le découvrirez bientôt grâce aux centaines d'idées encourageantes et bénéfiques contenues dans ce livre, votre destination se trouve beaucoup plus loin que l'*endroit où vous vous trouvez aujourd'hui*.

Pour accélérer vos progrès intérieurs et pour retirer des gains supplémentaires du présent chapitre, relisez au moins une fois encore la liste des libertés. Remarquez les plus attrayantes et notez leur numéro sur une feuille de papier.

Prenons, par exemple, le numéro 27. Peut-être en avez-vous assez d'être pris dans cette bataille familière qui consiste à essayer d'amener vos amis et votre famille à voir la vie à travers *votre* regard pénétrant. Vous en avez mis du temps, mais vous commencez à voir à quel point vous avez été aveugle. Maintenant, vous voulez vous libérer de votre égotisme impatient et inconsidéré. Or vous avez beau faire des efforts, une partie de vous vous empêche de renoncer à la certitude inconsciente que vous en savez plus que tout le monde. Bien! Vous n'en êtes peut-être pas conscient encore, mais vous vous rapprochez d'une victoire spirituelle très particulière.

Ou, comme le laisse entendre le numéro 10 de la liste, vous sentez à quel point la rancœur est autodestructrice. Vous en avez assez d'être esclave de votre esprit bouillant. Vous voulez vous libérer de cette ardeur infernale. Très bien. Maintenant vous savez deux choses importantes:

1. Vous n'êtes pas aussi libre que vous le voudriez.

2. Quelque chose nuit à votre désir d'être libre.

Ces découvertes constituent un fameux départ, même si cela ne vous semble pas évident pour l'instant. Continuez. Utilisez cette liste et vos découvertes pour stimuler votre désir de liberté. Puis reculez et accueillez la tempête de feu spirituelle. Regardez-la brûler les liens qui vous retiennent. Voilà ce que signifie laisser la lumière combattre pour vous.

Deux histoires stupéfiantes à propos de l'emprisonnement de soi-même

L'une des émissions sur la nature parmi les plus fascinantes que j'aie jamais regardées à la télévision faisait la chronique des événements entourant la capture et l'entraînement d'éléphants sauvages. Ces créatures énormes et aimables sont fort intelligentes, et leur force et leur endurance, légendaires. Pourtant, malgré leur puissance et leur sagesse innée, les bêtes capturées sont aussitôt forcées de travailler pour l'homme et s'écartent rarement de leur devoir ou de la discipline qu'on leur impose. Toutefois, l'aspect le plus fascinant du documentaire tenait à la leçon spirituelle implicite contenue dans les dernières étapes de la soumission des éléphants. Elle révélait une vérité fort évidente mais que peu parviennent à saisir.

Vers la fin de leur entraînement, on maintient ces bêtes de quatre tonnes en captivité non pas au moyen de cages d'acier ou de câbles de haute tension, mais bien avec une petite corde attachée à l'une de leurs chevilles! N'importe quel humain adulte pourrait rompre ce lien s'il le voulait. Qu'est-ce donc qui empêche ces bêtes intelligentes de casser net leur ficelle et de prendre la clef des champs? L'un des dresseurs expliquait cet étrange phénomène.

Au début de leur entraînement intensif, on enchaîne d'une manière transversale les pattes des éléphants sauvages au moyen d'énormes cordes qu'ils sont incapables de briser. Pendant des jours et des jours, les bêtes cherchent à se libérer, mais en vain. Elles finissent donc par perdre tout espoir de se libérer grâce à leur seule force et tombent dans un abattement profond.

À mesure que les éléphants se résignent à leur captivité, les dresseurs remplacent petit à petit leurs liens épais par des cordes de plus en plus fines. Avant longtemps, comme les éléphants sont persuadés qu'ils ne peuvent pas rompre leurs liens, tout ce qui retient les animaux terrestres les plus grands de la terre est une corde grosse comme le doigt. Les éléphants demeurent ainsi des captifs involontaires de leur propre incapacité de comprendre leur véritable condition: une petite secousse suffirait à briser leurs liens. Pourtant, ils sont incapables de voir au-delà de la certitude de leur captivité.

Si la leçon spirituelle contenue dans cette histoire ne vous apparaît pas encore clairement, l'histoire qui suit dissipera tous vos doutes.

Dans son ouvrage classique intitulé *Rencontres avec des hommes remarquables*, George Gurdjieff raconte comment il a parcouru le monde en quête de liberté. Au cours de ses voyages, il fit une découverte incroyable qui joua un rôle crucial dans sa libération finale.

Un après-midi qu'il se trouvait dans une région montagneuse et reculée de l'Asie, il tomba sur un petit groupe de villageois qui raillaient un jeune homme détenu de la plus extraordinaire façon. Gurdjieff n'en croyait pas ses yeux.

La seule chose qui empêchait le pauvre homme de fuir les cruels villageois était un cercle dessiné sur le sol autour de ses pieds! Rien de réel ne le retenait prisonnier. C'est-à-dire rien sauf ses croyances très réelles en la doctrine religieuse de sa tribu.

Gurdjieff apprit que le jeune homme appartenait à un petit groupe de montagnards extrêmement orthodoxes dont les coutumes spirituelles expliquaient le comportement qu'il avait observé. L'une de ces coutumes veut que si l'on se trouve au milieu d'un cercle et que l'on fait un pas au-dehors du cercle, on attirera sur soi une terrible malédiction ou même la mort.

Le jeune homme que Gurdjieff observait avec étonnement ce jour-là était incapable d'échapper à ses ravisseurs parce qu'il était prisonnier de ses propres idées.

Ces deux histoires vraies renferment d'importantes leçons pour nous. Toutes deux donnent un aperçu provocant de notre capacité de nous libérer puisqu'elles mettent en évidence un élément insoupçonné concernant la véritable nature des liens qui nous retiennent.

La suite de nos recherches nous fournira les outils nécessaires pour transformer ce premier aperçu en un triomphe de la libération de soi-même.

UNE IDÉE QUI PEUT NOUS LIBÉRER DE LA CAPTIVITÉ QUE NOUS AVONS CRÉÉE NOUS-MÊMES

Un jour, je demandai à un petit groupe d'étudiants d'identifier ce qui, à leur avis, les empêchait d'être des humains heureux et libres. Je savais que le succès du cours que je donnais serait d'autant plus grand que nous atteindrions un consensus sur la nature de ce qui fait que nous nous sentons prisonniers. La cascade de commentaires qui suivit mit en lumière le fait que chacun des participants se sentait retenu par une chose ou une autre.

Toutefois, avant de passer à l'objet fondamental de la leçon de ce soir-là, examinons quelques-unes des observations qui en dessinèrent le décor.

Martin affirma qu'il se sentait prisonnier de son passé. Il n'arrivait pas à se débarrasser de certains sentiments: regrets reliés à des pertes résultant d'entreprises ayant mal tourné et anéantissement de ses espoirs à la suite d'échecs relationnels.

Comme c'est souvent le cas, ce commentaire bouleversa Lynne qui ajouta qu'elle était hantée par l'idée d'avoir raté une occasion extraordinaire, ainsi que par certaines vilaines erreurs commises il y a très longtemps mais qui la troublaient encore aujourd'hui.

Paul, pour sa part, était perturbé par les propos cruels qu'il avait tenus à un être cher et qu'il aurait souhaité pouvoir reprendre. Ce qui amena Robert à dire que son fardeau tenait à un aveu important qu'il n'avait jamais eu le courage de faire à une personne clé; désormais, il était trop tard.

Laurent avoua qu'il n'était pas libre parce qu'il recherchait sans cesse l'approbation et l'attention des autres. Sa femme, Claire, reconnut qu'elle en avait assez de juger les autres durement, y compris elle-même.

Les autres raisons pour lesquelles les étudiants se sentaient captifs touchaient la soif de reconnaissance, le désir compulsif d'accumuler des richesses, la recherche de pouvoir sur les gens et les événements et la quête de la perfection physique. Quand je leur posai la question, la plupart reconnurent qu'ils étaient hantés par un ressentiment récurrent à l'égard d'une personne qui les avait dominés un jour ou les dominait encore. Il régnait une atmosphère émotive mais très honnête dans la pièce. Le décor était bien en place pour la leçon spéciale qui allait suivre.

Nul lien réel ne nous retient ni ne nous empêche d'être tout à fait libres. Nous ne sommes prisonniers d'aucune relation professionnelle ou personnelle, présente ou passée. Pas plus qu'une occasion manquée ne peut expliquer pourquoi nous sommes encore confus quant à notre orientation dans la vie aujourd'hui. Rien de ce que nous avons jamais fait ou négligé de faire ne limite nos possibilités d'être entièrement libres en ce moment même. La vérité, c'est que nous sommes déjà libres.

— Voilà une idée sublime, mais je me sens frustré chaque fois que je l'entends énoncer! Comment pouvez-vous dire que rien de réel ne m'empêche d'être libre quand, chaque jour ou presque, d'une manière ou d'une autre, j'ai l'impression qu'une centaine de restrictions pèsent sur ma vie: quand arrêter, quand partir; ne va pas là, dépêche-toi d'y aller; souris à cet homme mais non à cette femme; dis ceci, mais tais cela! À certains moments, je me sens comme un de ces chevaux sauvages qui ont plusieurs licous et qui se font tirer dans autant de directions différentes en même temps!

— Écoutez-moi attentivement. Ce ne sont pas les expériences que vous faites dans la vie qui vous disent que vous ne pouvez pas être libre. C'est votre façon de voir ces expériences qui fait que vous prenez votre captivité pour une réalité. Rien de réel n'a d'emprise sur vous. Une petite histoire vraie sortie tout droit de mon jardin illustrera comment nous demeurons captifs de notre conscience non éveillée.

IMPORTANTE LEÇON DE VIE SUR LA LIBÉRATION DE SOI-MÊME DONNÉE PAR UN OISEAU DANS UN BLOC DE CIMENT

Un matin, juste avant le lever du soleil, j'étais assis dans mon fauteuil favori et j'attendais mon moment préféré de la journée: l'arrivée des oiseaux.

Mon jardin, outre qu'il abrite mes bonsaïs, est un véritable paradis pour les créatures ailées. Bien sûr, l'affection qu'elles portent à l'endroit n'a sans doute rien à voir avec l'énorme quantité de graines que je mets à leur portée!

Pinsons, juncos et moineaux adorent se percher et s'envoler de ma collection de petits arbres, que j'ai juchés sur des tablettes de fortune constituées de vieux madrier soutenues par des blocs de ciment. J'ai grand plaisir à observer les acrobaties de chaque petite bande d'oiseaux qui se chamaille pour les graines que je jette sur les planches et les blocs.

Ce matin-là, une chose étonnante se produisit au moment précis où le soleil se levait. Comme d'habitude, le jardin bourdonnait d'activité. Je regardais un pinson aux couleurs vives qui s'amusait ferme à s'envoler des cavités des blocs de ciment et à s'y poser de nouveau. Pépiant et repoussant divers intrus, il était aussi affairé que pouvait l'être un oiseau. Soudain, il s'arrêta net. Il se figea sur place, au centre d'une des cavités d'un bloc.

Je vérifiai aussitôt le comportement des autres oiseaux, car je savais qu'en présence d'un prédateur, les oiseaux recourent parfois à la tactique de l'immobilité pour se protéger. Or, aucun des autres oiseaux n'avait l'air nerveux ou inquiet. Qu'était-il arrivé à ce pinson pétrifié? Je ne voyais rien qui puisse expliquer son étrange comportement.

Cinq bonnes minutes plus tard, je commençai à m'inquiéter: peut-être que le petit oiseau tout raide souffrait d'un malaise physique. Même quand ses petits amis s'envolèrent vers un endroit inconnu, il ne broncha pas. J'étais abasourdi. Puis, je saisis ce qui se passait! Il y avait bien une explication après tout, mais comme elle était difficile à croire!

Mes premiers doutes se confirmèrent. Le petit pinson avait peur de son ombre! Aussi incroyable que cela puisse paraître, voici ce qui s'était produit.

Au moment précis où le pinson avait sauté dans la cavité d'un bloc de ciment, le soleil était suffisamment haut pour créer de longues ombres matinales; des ombres foncées — *y compris celle du pinson* — se découpaient sur le sol à travers l'ouverture du bloc de ciment. Seulement, le pinson ignorait que ce qu'il percevait comme un chasseur silencieux et inconnu *n'était en fait que sa propre ombre allongée!*

L'heureux dénouement de cette étrange histoire survint une minute ou deux plus tard, au moment où le soleil fut assez haut dans le ciel pour que les ombres qui ornaient le plancher du patio disparaissent. Comme par magie, le pinson fut libéré de son enchantement. Il s'envola en gazouillant sa victoire durement gagnée sur l'inquiétant personnage qu'il avait affronté et dupé.

Toutes proportions gardées, cette histoire vraie de l'oiseau dans le bloc est aussi celle des liens qui nous retiennent dans la vie. Car de même que notre ami à plumes fut temporairement retenu prisonnier par une ombre irréelle, nous sommes depuis longtemps prisonniers de rien: rien, c'est-à-dire, rien d'autre que les ombres de *nos propres pensées*. Comment est-ce possible? L'aperçu suivant nous donnera la compréhension dont nous avons besoin pour commencer à nous libérer.

UNE NOUVELLE COMPRÉHENSION INTÉRIEURE QUI VOUS PERMETTRA DE MAÎTRISER TOUTES LES CIRCONSTANCES EXTÉRIEURES

Exception faite des moments où nous courons un danger physique réel, *les circonstances n'ont, en soi, absolument aucune autorité sur nous.* Aucun événement ni circonstance n'a le pouvoir de provoquer un sentiment ou un autre en nous. La seule autorité qu'une situation peut avoir sur nous est celle que nous lui accordons inconsciemment. Or, ce que nous avons donné, nous pouvons le reprendre. L'intuition associée à l'action est tout le pouvoir dont nous avons besoin. Voici pourquoi.

Toutes les situations, les événements et les circonstances sont neutres: elles ne sont ni de votre côté ni contre vous.

Spinoza, le célèbre philosophe et métaphysicien hollandais, voulait aider ses étudiants à saisir cette idée significative. Il leur apprenait ceci: «Toutes les choses qui me causent de l'anxiété ou de l'inquiétude n'ont, en soi, rien de bon ou de mauvais, sauf dans la mesure où mon esprit est perturbé par elles.»

Je vous invite à vérifier la véracité de cet important concept en vous lançant dans une aventure intérieure unique qui prend la forme d'un exercice. Les nouvelles libertés qu'entraîneront vos découvertes vous appartiennent. De plus, cet exercice est très amusant!

La prochaine fois que vous vous trouverez avec un groupe d'amis ou avec des membres de votre famille, ou même dans un centre commercial ou un restaurant, *devenez un observateur des événements*!

Qu'est-ce qu'un observateur des événements? Nous en apprendrons davantage sur cette pratique unique dans un chapitre ultérieur, mais pour l'instant en voici un aperçu:

1. Une personne qui souhaite comprendre que les événements ont toujours une origine neutre.

2. Une personne qui demeure calme et psychologiquement distante des événements pendant qu'ils se déroulent.

3. Une personne qui observe l'effet des événements sur le comportement des autres et qui s'observe aussi elle-même.

4. Une personne qui ne confond pas ses réactions à un événement avec l'événement comme tel.

Aux fins de notre leçon, j'ai élaboré un exemple simplifié de la façon dont vous pouvez effectuer ce petit exercice intérieur. Rappelez-vous, cependant, qu'il est essentiel pour votre évolution que vous fassiez vos propres découvertes; c'est pourquoi je vous invite à observer les événements où que vous soyez et en tout temps.

Supposons que vous décidez de manger dans un bon restaurant avec des amis. L'atmosphère est détendue, agréable, parfaite. Soudain, un de vos amis dit: «Vous avez entendu la nouvelle? Il paraît que le prix du café va bientôt crever le plafond!»

En un instant, ce simple commentaire transforme l'atmosphère. Vous le sentez et votre conscience se met en état d'alerte. Vous savez que le moment est venu de vous changer en observateur des événements.

Vous vous détendez, vous calez dans votre fauteuil et observez ce qui se passe autour de vous. Dès le début, une chose est claire: la hausse du prix du café est un événement tout à fait neutre.

Tout en observant l'effet de la nouvelle sur vos amis, vous constatez que la plupart d'entre eux réagissent peu ou se taisent. Pourquoi? Pour diverses raisons, dont la plus probable est sans doute qu'ils ne boivent pas beaucoup de café!

Si vous continuez d'observer ce qui se passe, vous constaterez sans doute que la nouvelle a captivé un des membres du groupe. Ne jugez pas, contentez-vous d'observer. *Tout jugement porté sur la personne captivée par un événement fait de vous à la fois une partie et un prisonnier de cet événement.* Surveillez cette tendance. Restez libre.

En tant qu'observateur, comment savez-vous qu'une personne est victime d'un événement et sa prisonnière psychique?

Elle émettra un commentaire du genre «ce n'est pas juste»; ou son humeur s'assombrira sous vos yeux. Demeurez détaché. Tant que vous ne vous y laissez pas prendre, l'humeur négative des personnes qui vous entourent n'est qu'un autre événement neutre *en ce qui vous concerne*! Ce point de vue spirituel supérieur vous permet de demeurer vigilant et de vous poser deux questions importantes.

Si les circonstances n'ont pas le pouvoir de nous rendre captifs, qu'est-il arrivé à la personne ci-dessus? De quoi est-elle devenue captive?

Bien que les personnes captives excellent à justifier leur soudain élan de négativité, la cause invisible de leur captivité est toujours la même. Disons simplement, aux fins de notre exemple, que la personne de votre groupe que la rumeur d'une hausse du prix du café a jetée dans une prison invisible est sans doute celle qui en boit le plus et qui est le moins capable d'assumer cette hausse. Mais ne perdons pas de vue notre exercice!

Quel est *l'événement* qui a créé une tension chez cette personne? Sont-ce les *conditions* entourant l'offre et la demande de café qui ont emprisonné cette personne? Ou s'agit-il d'un confinement temporaire créé par une petite voix invisible qui lui susurre à l'oreille: «Que deviendrai-je si je dois renoncer à mon café du matin?»

La leçon à tirer de votre première et excellente aventure en tant qu'observateur des événements devrait être claire: *ce n'est jamais l'événement ni la condition, mais notre attitude à son égard qui crée en nous un sentiment de captivité.*

Les conséquences remarquables de cette découverte renferment plus que la simple promesse de nous libérer des liens qui nous retiennent. Au chapitre 2, nous verrons qu'il existe un esprit tout à fait différent: un *libre esprit* qui ne s'empêtre jamais dans une toile mentale parce que sa nature n'appartient pas au royaume des pensées.

DIX CLÉS POUR SE LIBÉRER ENCORE DAVANTAGE

Puisez dans les clés de la libération de soi-même que recèlent les dix pensées qui suivent. Dans ce résumé du chapitre premier, ainsi que dans chaque section analogue des autres chapitres, prenez le temps de laisser chaque idée condensée pénétrer dans votre cœur et votre esprit.

Les vérités que vous vous apprêtez à connaître sont vivantes. Si vous vous laissez toucher par leur essence bénéfique, leur vie deviendra vôtre. Voilà une indication de ce que signifie connaître la vérité, puis être libéré par celle-ci.

1. Rien dans ce monde — ni dans aucun autre monde — ne peut vous empêcher de vous libérer des liens qui vous retiennent.

2. Si vous voulez modifier les situations malheureuses que vous affrontez dans la vie, rappelez-vous que rien ne peut changer dans votre vie… tant que *vous* ne changez pas.

3. Osez désirer une liberté si grande qu'elle marquera la disparition de tous vos désirs douloureux.

4. Indépendamment de ce qui vous retient captif, cela n'est rien comparé à ce qui veut vous libérer.

5. On commence à se libérer de ses liens quand on en a complètement assez d'être ligoté.

6. Dans les moments où la colère, l'inquiétude ou la peur vous restreignent, rappelez-vous que rien d'extérieur à *vous* ne resserre vos liens.

7. Cent fois par jour, remarquez à quel point vous ne vous sentez pas libre, puis sentez-vous libre de laisser tomber ce sentiment.

8. Rien de réel n'a de prise sur vous. Aussi, méfiez-vous fortement des parties de vous-même qui sont persuadées que vous devez vivre avec des limitations.

9. La prochaine fois que vous vous sentirez dépassé par une situation difficile, rappelez-vous que le seul pouvoir qu'elle a sur vous réside dans *ce que vous voulez en retirer*.

10. Votre expérience de ce monde est déterminée par la façon dont vous le voyez, ce qui explique pourquoi, lorsque vous modifiez votre perception de vous-même, vous transformez aussi le monde dans lequel vous vivez.

Chapitre 2

Accédez à un «moi» nouveau et secret qui est déjà libre

Dans le premier chapitre, nous avons vu que les éléphants sauvages se comportent comme s'ils étaient enchaînés à des câbles d'acier même si une toute petite corde les retient.

Certes, on peut dire que ces bêtes fabuleuses ont été conditionnées par leurs dresseurs. Après tout, leur esprit a été assujetti à une volonté supérieure. Les animaux ne réfléchissent pas comme nous. Ils n'ont pas de choix. Ils demeurent esclaves parce qu'ils sont capturés par des êtres plus intelligents qu'eux.

Pourtant, que dire du jeune homme qui demeurait prisonnier d'un simple cercle dessiné sur le sol? Pourquoi ne pouvait-il s'échapper? Était-il, à l'instar des éléphants, prisonnier de quelque chose de plus intelligent que lui-même? Était-il, lui aussi, victime de forces supérieures et extérieures à lui?

Non, c'est évident. Ce jeune homme était retenu par des *forces intérieures* assez puissantes pour limiter sa vie extérieure. Autrement dit, il était enchaîné par un ensemble de croyances religieuses incontestées. Sa prison n'était rien d'autre que des barreaux formés par le tissu de ses pensées.

Notre capacité de voir le côté ironique de l'étrange situation du jeune captif est un rayon de lumière qui se dégage du grand secret de la libération de soi-même. Car notre découverte non seulement nous laisse entrevoir la cause réelle de notre propre condition de captifs, mais elle nous force à nous poser la question ci-dessous.

Comment un homme ou une femme peut-il être à la fois *prisonnier* et, à son insu, son propre *geôlier*?

— Voilà justement ce que je veux savoir! Si nous sommes les créateurs de nos pensées — et de nos croyances incontestées — comment ces mêmes pensées peuvent-elles nous emprisonner? Une telle situation, en supposant qu'elle existe, ressemble à celle d'un homme retenu prisonnier par le marteau qu'il tient dans sa propre main! Cela est tout à fait absurde. Ou nous contrôlons nos pensées et nos sentiments ou nous ne les contrôlons pas! Quelque chose cloche ici, mais j'ignore ce que c'est au juste et ce que je dois en penser.

— Quand nous baignons dans l'anxiété et la confusion, cela indique, en général, que nous sommes plus près de la vérité que nous ne voulons le reconnaître. Notre peur fondamentale est liée au fait que nous ignorons ce qui nous attend si nous ouvrons tout grand les yeux et reconnaissons consciemment ce que nous voyons en nous. Pourtant, si nous voulons nous libérer, nous devons oser rendre notre vie invisible aussi visible que possible à nos yeux. Alors qu'en est-il? Sommes-nous maîtres de nos pensées et sentiments, ou leurs prisonniers secrets?

— D'une part, je peux démarrer mon propre processus de pensée, d'autre part, je suis parfois incapable d'arrêter le flot impétueux de ces mêmes pensées. Par exemple, supposons que j'évoque une expérience agréable survenue dans le passé; avant que je comprenne ce qui m'arrive, je suis emporté par un triste souvenir que je n'avais pas l'intention de raviver. Ou encore je suis en train de planifier mon avenir et, en l'espace de quelques secondes, je suis torturé par la crainte de voir mes plans échouer! Or une fois que je suis envahi par l'inquiétude ou la tension, je suis incapable de m'en débarrasser. Dieu merci, ces sentiments contrariants finissent par disparaître d'eux-mêmes, ou un événement agréable survient et ils font place à un sentiment plus gai.

Il est clair que je ne suis pas maître de ma vie intérieure. N'est-ce pas ce que vous vouliez savoir? Même si j'ai du mal à l'admettre, je suis incapable d'arriver à une autre conclusion. Que signifie tout cela? À quoi bon m'apercevoir que je peux devenir prisonnier de mes propres pensées?

— Cela est plus utile que vous ne pouvez l'imaginer pour l'instant. Mais au moins, vous commencez à vous éveiller un peu.

— M'éveiller, mais à quoi?

— À l'illusion que c'est vous qui pensez.

— Que voulez-vous dire? Si ce n'est pas moi qui pense, alors qui ou quoi? J'ai certainement l'impression que c'est moi qui crée mes pensées.

— Oui, et pour une bonne raison. Que ce soit à l'état de veille ou dans les rêves qui nous visitent pendant notre sommeil, nos pensées et nos sentiments remplissent chacun de nos instants. Toutefois, ce n'est pas parce que vous sentez ou ressentez toutes leurs particularités — inquiétude, peur, fantasme, impatience, soulagement, courage ou compulsion — que le *moi* qui fait l'expérience de ces mouvements est *réel*. De même, ce n'est pas parce que vous vous tenez sous une cascade que votre nature est eau.

Les pensées et les sentiments sont des énergies, des forces qui passent sans arrêt à travers nous. Chacune possède une nature distincte, mais aucune d'elles en particulier, pas plus que l'ensemble de leurs qualités mentales ou émotionnelles, *ne représente notre vraie nature*.

Encore une fois, nous avons beau sentir la chaleur du soleil sur notre visage, nous sommes trop avisés pour croire que nous sommes une flamme. Pourtant, quand nous ressentons le feu de la colère, nous nous identifions à cette sensation brûlante. *Or nous ne sommes pas cette sensation!* Nous commettons seulement l'erreur de nous identifier à elle, ce qui explique pourquoi ces pénibles incendies intérieurs et non désirés continuent de brûler en nous.

— C'est incroyable et pourtant parfaitement sensé. Continuez, je vous prie. Que dois-je comprendre encore pour me libérer de ces liens psychiques invisibles?

DÉCOUVREZ UNE VIE SUPÉRIEURE AU-DELÀ DE VOTRE FAUX MOI

— Tout d'abord, ralentissons un peu notre rythme. Nous devons comprendre ceci clairement. Ce *ne* sont *pas* nos pensées et nos sentiments qui nous retiennent ou nous poussent à courir après des arcs-en-ciel.

— N'avez-vous pas dit que notre façon de penser était la cause même de notre captivité psychique?

— Oui, mais le principal problème n'est pas là. C'est pourquoi les techniques qui visent à nous permettre de maîtriser nos pensées ou à affronter nos émotions négatives ne nous apportent jamais la libération promise.

— Quelle est la vraie difficulté dans ce cas?

— Nous vivons avec une fausse nature, un faux sens du soi. Pourtant, cette nature inconsciente semble si réelle que la plupart des humains ne soupçonnent jamais que leur vie est gouvernée par une chose aussi immatérielle qu'une ombre.

— Comment peut-il en être ainsi sans que personne ne s'en rende compte?

— Tels les vents invisibles qui agitent les branches des arbres, nous vivons dans un flot imperceptible, mais incessant, de pensées et de sentiments. En un sens, nous sommes constamment emportés par les vagues de toutes les expériences humaines passées. Ces forces anciennes, conjuguées à nos réactions associatives mécaniques face aux événements du moment, nous donnent à chacun le sentiment d'un moi comportant à la fois un passé et un futur.

Mais *ce moi est fictif.* Sa nature est une sorte de maison fantôme, une structure complexe mais vide créée par le flot de pensées et de sentiments qui lui confèrent une fausse impression de vie. Tout au long de ce livre, j'emploierai l'expression *esprit du moi* pour désigner cet aspect de notre nature inconsciente et non évoluée.

L'auteur et savant britannique D.L. Pendlebury dit de cette fausse nature: «(Ce) moi est une entité tout à fait illusoire, changeante, pleine de contradictions, que seule l'habitude nous empêche de discerner. Mais par-dessus tout, ce moi est... égoïste. Pour éviter de reconnaître son propre néant, il érige fiévreusement des structures qui le font paraître plus important, meilleur qu'il n'est en réalité et lui donnent l'air de s'aimer soi-même. Plus contraignant que n'importe quelle prison, parce que nous prenons sans y penser ses murs pour la réalité, il nous empêche de comprendre la vraie signification de notre présence ici.»

Résumons l'élément central de cette partie de notre recherche: l'esprit du moi, notre faux moi, n'a aucun contrôle sur les pensées et les sentiments qui le privent de liberté parce que sa vie *dépend uniquement de leur mouvement constant.*

Si cet esprit inférieur pouvait prendre conscience de son aveuglement, nous serions libérés de son emprise psychique. C'est pourquoi *notre* tâche est de devenir de plus en plus conscients de nous-mêmes. La lumière intérieure est le seul pouvoir capable de dissiper la captivité créée par l'obscurité intérieure. Nous comprendrons mieux cette fausse nature en approfondissant son cycle vital.

Imaginez qu'un homme en vient à croire sincèrement que la pizza est la clé de la paix dans le monde. Ses idées erronées sur le bien-être de la planète créent ses nombreux faux besoins. Par exemple, il croit sincèrement que, pour que la paix règne, il doit y avoir une pizzeria à chaque coin de rue dans toutes les villes du monde entier. C'est ainsi que ses faux besoins, fondés sur une idée à la noix selon laquelle la pizza et l'harmonie mondiale sont reliées, engendrent de faux désirs. Ceux-ci en retour donnent lieu à de fausses peurs, des peurs qu'il *ressent comme étant réelles,* mais qui n'ont aucune fondement réel.

Cet homme passe ses nuits à craindre que la pâte à pizza ne vienne à manquer ou que quelqu'un accapare le marché de la sauce à pizza ou du saucisson! La possibilité d'un monde sans pizza qui ne connaîtrait jamais la paix le fait sans cesse souffrir. Sa souffrance recrée son faux besoin. Le cycle de l'aveuglement est complet. Puis tout recommence. Voilà la vie du faux moi.

Maintenant, remplaçons consciemment la pizza par une image moins ridicule. Prenons n'importe quelle valeur à laquelle notre société attache beaucoup de prix. Remplissez vous-même les espaces vierges, mais n'oubliez pas le désir d'argent, d'approbation, de pouvoir, de compagnie, de renommée, d'estime, d'autorité ou de possession. Faites cet exercice sérieusement et vous verrez pourquoi il n'y a pas de limites aux raisons pour lesquelles nous nous sentons emprisonnés.

— Pourquoi ne le voyons-nous pas? Tel que vous nous l'expliquez, de nombreux éléments autrefois dénués de sens en acquièrent enfin un. Ainsi, je me suis toujours demandé quelle était la vraie cause de l'avidité. Maintenant je crois comprendre. Le faux moi ne peut faire autrement que de désirer toujours plus puisque rien de réel ne peut satisfaire ses faux désirs. Mais où étions-nous? Pourquoi ne voyons-nous pas ce qui saute aux yeux?

— Voilà une excellente question! Laissons le brillant philosophe et essayiste anglais William Law y répondre pour nous: «On peut dire que la plus grande partie de l'humanité… est endormie et que cette façon unique de vivre, qui absorbe l'esprit, les pensées et les sentiments de chaque homme, pourrait très bien être considérée comme son rêve particulier. Ce degré de futilité est visible dans chaque forme et ordre de vie. L'érudit et l'ignorant, le riche et le pauvre, tous se trouvent dans le même état de sommeil paisible.»

— J'ai déjà entendu dire que les êtres humains vivaient dans un état de sommeil spirituel. Toutefois, qu'est-ce qu'être endormi à soi-même? Et si la vie que j'ai toujours connue n'est pas ma vraie vie, qu'est-ce que celle-ci? Que trouverais-je que je ne possède maintenant si je m'éveillais?

— *Votre vraie nature.*

Afin de mieux comprendre les implications plus profondes de l'éveil à la vraie vie de notre nature profonde, écoutons ces paroles de John Caird, philosophe écossais et théologien chrétien, qui nous lancent une invitation attirante: «Il est possible d'échapper à l'étroitesse et à la pauvreté de la vie individuelle pour mener une vie différente et supérieure, qui pourtant nous appartient vraiment. Car, pour être nous-mêmes, nous devons être plus que nous-mêmes. Ce que nous appelons amour est, en vérité… la perte de notre moi individuel au profit d'un moi plus grand.»

Suivez votre désir d'être sans limites jusqu'au libre esprit

L'insatisfaction profonde que nous ressentons souvent devant la petitesse de notre vie ne prouve pas que notre vrai besoin d'une vie plus complète ne peut être comblé. *Nous sommes destinés, ici et maintenant, à connaître les plaisirs plus nobles qui coulent librement à travers un cœur libéré, entre autres l'amour, la force, la raison d'être et la compassion.* Ce livre a pour seul objectif de vous aider à confirmer ce fait bénéfique dans votre opinion.

Le principe suivant, ainsi que son explication détaillée, vous aidera à voir que vous êtes destiné à connaître le bonheur durable auquel aspire votre cœur: *tous les besoins réels sont reliés à une condition invisible qui suscite ce besoin.* Voici une autre façon de formuler ce précepte: vous ne pouvez éprouver le besoin d'être libre et heureux *sans qu'il existe déjà en vous une source de liberté et de bonheur capable de combler ce besoin!* Nous comprendrons mieux cette idée en comprenant que la rose a besoin de la lumière du soleil pour éclore.

La rose nouvellement éclose, avec ses pétales délicatement parfumés, est en fait *une manifestation* de la chaleur et de la lumière dont elle a besoin pour fleurir. On ne peut soustraire la rose du rayonnement du soleil et s'attendre à ce qu'elle dégage le même parfum.

La rose et toutes les créatures, petites et grandes, n'éprouveraient pas les besoins réels qui sont les leurs si elles ne possédaient pas *déjà en elles* la capacité de *combler ces besoins.* Examinons quelques exemples concrets de la façon dont *tout besoin prouve l'existence de son objet.*

Le marsouin et le dauphin désirent atteindre les eaux claires et profondes de la mer. Leur besoin quasi impénétrable de nager sans restriction fait partie des océans mêmes qu'ils veulent sillonner. Il n'existe pas de substitut réel à ce besoin.

L'aigle et le faucon aspirent à voler dans la vaste étendue du ciel. Tous deux ont besoin de s'élancer dans le ciel pour *être* ce qu'ils sont. On ne peut séparer leur besoin de leur nature, pas plus que l'on peut séparer leur nature ailée du ciel dont ils ont besoin pour exprimer celle-ci. *Tous deux ne sont qu'une seule et même chose.*

Que nous enseignent ces découvertes? Tout!

Notre désir implicite de nous libérer entièrement de nous-mêmes provient d'un monde supérieur où cette situation élevée existe *déjà.*

Notre besoin de nous libérer de nos liens est plus qu'une simple possibilité: c'est une promesse spirituelle qui attend d'être remplie. Ce n'est pas tout. Ce monde secret et toutes ses promesses lumineuses se trouvent *à l'intérieur de vous.* Que vous choisissiez ou non de nommer ce domaine intérieur paisible ne change pas la réalité de son existence, ni le fait que sa liberté est destinée à devenir vôtre.

Dans l'histoire de ceux qui ont cherché leur origine céleste, cette nature suprême a été désignée sous des milliers de noms sacrés. Parmi les appellations les plus récentes et les mieux connues, mentionnons: sur-esprit, sur-soi, conscience du Christ, nature de Bouddha, nature de la déesse, Allah, Mère divine, Vrai Moi et conscience cosmique.

S'il est impossible de décrire l'être original, de même que l'amour comme tel, hommes et femmes, tout au long des siècles, ont trouvé le chemin qui conduit à son cœur; ce faisant, ils ont aussi découvert que ses pouvoirs pouvaient transformer leur vie et la libérer. Aux fins de nos recherches, nous allons désigner ce moi souverain sous le nom de *libre esprit*.

L'illustre poète et sage Ralph Waldo Emerson s'éveilla un jour à sa propre nature éternelle et authentique. Il passa le reste de sa vie à explorer et à goûter la beauté tranquille et la liberté permanente qu'elle lui procura. Ses écrits font allusion à un ciel destiné à tous et à un esprit commun à tous les hommes. De dire Emerson, celui qui participe à cet esprit universel devient un homme libre. «Ce que Platon a pensé, il peut le penser aussi; ce qu'un saint ressent, il peut le sentir; ce qui, à n'importe quel moment, survient à un homme, il peut le comprendre. Celui qui a accès à cet esprit universel qui est le seul agent souverain fait partie de tout ce qui est ou peut être.»

IL N'Y A PAS DE SUBSTITUT À LA LIBÉRATION DE SOI-MÊME

Donnez à cette nature nouvelle et vraie le nom que vous voudrez, un fait demeure certain: tant que nous n'aurons pas satisfait ce besoin unique et immense de vivre au niveau du libre esprit, aucun de nos autres besoins réels ne sera jamais tout à fait comblé. Sans le soutien de cette base exempte de peurs, tout ce que nous fabriquerons à partir de la substance de notre vie finira par se flétrir et s'effacer. Voyons comment nos expériences prouvent la véracité de cette conclusion nécessaire.

Nous éprouvons toujours le besoin d'aimer et d'être aimés malgré tous les amours que nous avons connus.

Notre besoin d'être forts nous pousse à chercher quelque chose ou quelqu'un qui puisse nous aider à ne pas être anéantis chaque fois que notre vie commence à s'effondrer.

Notre besoin de signification nous oblige à nous inventer un but stérile après l'autre et à investir nos énergies dans des tâches inépuisables.

Notre besoin d'être aimés nous contraint à accepter la cruauté des autres en échange d'une parcelle de leur gentillesse.

Il n'est pas nécessaire qu'il en soit ainsi!

Vous vous demandez peut-être ce que vous devez faire pour trouver ce royaume intérieur qui sait ce dont vous avez besoin avant même que vous le demandiez.

Eh bien! vous pouvez cesser de vous interroger et amorcer votre périple sur-le-champ, là où vous êtes. Commencez par ceci: laissez grandir votre besoin de vous connaître plus à fond. Laissez-le devenir votre guide et rien ne pourra plus vous faire obstacle.

Votre besoin de transformer votre compréhension de vous-même, votre ardent désir d'une vision plus élevée vous viennent de la destination cosmique elle-même: le libre esprit. À partir de maintenant, trouvez des moyens de devenir de plus en plus conscient de vos besoins réels. Puis, sans vous soucier des conséquences, *refusez tout substitut*.

COMMENT LE CAFÉ DU MATIN PEUT VOUS DONNER UN APERÇU DE VOTRE CONSCIENCE SUPÉRIEURE

Chaque matin, après m'être versé une tasse de café fumant, j'y ajoute deux cuillerées à café de sucre et je remue vigoureusement. Puis, pendant que le café et les cristaux de sucre tourbillonnent et se fondent l'un dans l'autre, je sors le lait du réfrigérateur.

Quand je retourne à ma tasse de café et plonge mon regard dans ses profondeurs fumantes, je vois une surface opaque et plus ou moins foncée qui semble immobile. Aucun mouvement visible ne semble agiter le liquide. Or je sais que la réalité est tout autre.

Lorsque j'ajoute du lait, la situation change du tout au tout. Dès que le lait coule sous la surface calme du café, un délicieux tourbillon couleur vanille apparaît et mon café prend, comme par magie, une riche couleur crémeuse. Voici ce qui s'est produit. Vous voudrez peut-être tenter cette expérience unique et amusante.

Entre le bref moment où je brasse le sucre et celui où je sors le lait du réfrigérateur, la tension de surface du café se développe suffisamment pour donner une apparence d'immobilité au contenu de la tasse. Toutefois, sous cet extérieur calme, le café subit un mouvement très prononcé.

Si j'ai pris la peine de raconter cette histoire, c'est qu'elle illustre certaines des dimensions et de la dynamique cachée de notre niveau de conscience actuel, tant de l'esprit du moi que du libre esprit.

La *tension de surface* de mon café représente notre soi-disant esprit conscient tandis que les *profondeurs tourbillonnantes* qui se trouvent sous la surface représentent notre subconscient ou inconscient. En fait, ces deux couches de l'esprit n'en font qu'une; elles sont reliées et pourtant, tout comme le café dans ma tasse, *elles agissent indépendamment l'une de l'autre*. C'est ce qui explique que nous nous retrouvons prisonniers d'une toile de notre cru avant même de nous rendre compte que nous tournoyons. Ce sont ces niveaux de notre intellect généralement sous-entendus et souvent embrouillés que nous appelons l'esprit du moi dans la présente étude.

Au contraire de cette nature mentale divisée qui vit sans presque rien comprendre de son propre fonctionnement, le libre esprit est la partie encore secrète de nous-mêmes capable d'observer toutes les actions de l'esprit du moi, *tout en sachant qu'elle n'a rien en commun avec la confusion ou les conflits dont elle est témoin*. Oui, cet état est possible et d'une certaine façon, ce n'est qu'un début.

Tout en cheminant sur la voie de la liberté et en prenant contact avec le libre esprit, vous découvrirez la présence d'une nature supérieure lorsqu'on la compare avec la pensée mécanique, rigide et tranchée de l'esprit du moi; ce qu'est la lumière électrique par rapport à la lumière du soleil. Ce qui jadis vous paraissait impossible deviendra la réalité paisible que vous goûterez:

1. La découverte d'un nouveau monde lumineux et supérieur et, en même temps, la constatation que *vous êtes ce monde supérieur que vous avez découvert*.

2. Une conscience de soi dynamique, dans laquelle l'intelligence et vos actions sont une seule force, exempte de peur, de frictions et de conflits internes.

3. L'adoption d'un mode de vie unique et supérieur, situé à un million d'années-lumière de l'esprit ordinaire et pourtant aussi proche que l'écart entre deux pensées.

4. Une perception claire de votre moi, comme une vague qui roule vers la mer et n'est alors plus ni vague, ni mer, mais les deux.

Le libre esprit vit bien au-dessus des marées mentales et émotionnelles qui ballottent sans cesse l'esprit du moi. Cette nature originelle ne peut opérer des choix à l'encontre d'elle-même parce qu'elle est entière. Sa force silencieuse réside dans le fait qu'elle est distincte du monde tourbillonnant et étourdissant de l'esprit du moi.

Apprendre à rester à l'écart de ce que l'on a toujours accepté mécaniquement comme étant soi-même présente de nombreux avantages uniques. Il ne s'agit pas de se montrer froid, indifférent ou de rester à l'écart de la vie. Le contraire est plutôt vrai.

Vivre au niveau du libre esprit vous permet de faire partie de votre vie en participant de façon consciente et avec reconnaissance à la complexité stupéfiante de votre propre nature.

Vous établissez une nouvelle relation avec vous-même dans laquelle, au lieu d'être effrayé par le flot de vos pensées et de vos sentiments, vous êtes impatient de les connaître davantage. Ce degré accru de participation à votre vie modifie l'orientation de vos journées d'une manière dramatique. *Rien* ne peut plus vous tirer vers le bas. Voici pourquoi.

La différence entre l'esprit du moi et le libre esprit est la même que celle qui existe entre vivre dans la jungle et la *survoler* en avion.

La personne qui vit dans la jungle a l'impression de pouvoir faire des choix, mais en réalité, ces choix sont plutôt déterminés par les vignes grimpantes et les créatures féroces qui vivent dans les fourrés denses. *À ce niveau, on a le choix entre le lion et le tigre.* Ce n'est pas vraiment un choix! Que l'on fuie une chose ou une autre, quelle différence cela fait-il?

Les choix que nous opérons depuis les noirs confins de l'esprit du moi forment des cercles cachés, de douloureux *patterns* que nous sommes incapables de distinguer à travers le cycle des contraires qui se produit naturellement. Car la vie dans la jungle se répète constamment: attaque, retraite; attaque, retraite. Oui, vous demeurez occupé, mais vous en avez assez de n'arriver nulle part. Le libre esprit sait comment vous élever au-dessus de tout ce qui vous agresse.

L'histoire vraie qui suit fut partagée avec un groupe d'étudiants qui se réunissaient pour discuter de la façon dont l'esprit du moi bloque nos vrais besoins supérieurs. Pendant que Louis racontait l'expérience étonnante qu'il avait vécue, chacun comprenait mieux comment l'esprit du moi nous garde captifs et confus. En outre, nous avons découvert une solution surprise qui a le pouvoir de nous extirper de la jungle des contraires de l'esprit du moi et de nous emmener dans un monde supérieur où il n'y a ni lions ni tigres.

ENTREZ DANS UN NOUVEAU MONDE LUMINEUX JUSTE À L'EXTÉRIEUR DE VOUS-MÊME

Quand Louis s'est présenté au groupe ce soir-là, il donnait l'impression d'être un homme presque comblé. L'une de ses plus grandes sources de fierté et de plaisir était son téléviseur, un appareil complexe doté d'un écran géant. Comme il captait plus de cent trente-deux chaînes transmises par satellite et possédait un magnétoscope multi-programmable, Louis avoua qu'il se sentait un peu comme le dirigeant de son propre royaume électronique, comme une sorte de roi. Cette impression était plus que fondée.

Sans rien d'autre qu'un bouton à enfoncer sur l'une de ses quatre télécommandes, Louis pouvait se rendre presque partout dans le monde sans sortir de son fauteuil préféré. Malgré cela, il n'était pas encore satisfait. Il ajouta alors trente-deux chaînes à celles qu'il captait déjà et fit l'acquisition d'un autre magnétoscope. Mais ces nouveaux plaisirs furent de courte durée.

Nous guidant de plus en plus loin dans son aventure électronique, Louis raconta que, quand il s'asseyait devant son téléviseur, il passait de plus en plus de temps à sauter frénétiquement d'une chaîne à l'autre. Devant son regard fixe, les événements sportifs, les films et les documentaires touristiques s'embrouillaient pour former un long film interminable. Comme rien ne lui plaisait, son seul amusement consistait à enfoncer les boutons de sa télécommande de plus en plus rapidement.

Puis, tard un soir, au beau milieu d'une de ces séances frénétiques de télévision, quelque chose d'impensable se produisit.

Louis poussa accidentellement le seul bouton qui coupait le courant alimentant tout son équipement.

Il y eut un crépitement, un bruit sec, et tout devint noir. Le silence envahit la pièce. Tous les sons et les images qui la remplissaient un moment auparavant furent aspirés dans l'écran gérant. Puis, de poursuivre Louis, un événement inattendu se produisit.

Aussi abasourdi fût-il par le vide soudain qu'il affrontait, il ne s'en sentit pas moins reconnaissant. Il sut que c'était ce moment qu'il avait attendu tout ce temps sans le savoir. Ce silence délicieux et soudain ne figurait pas à l'horaire des émissions de télévision.

Le vrai besoin qu'il avait éprouvé tout ce temps-là était de goûter un moment de silence qu'il ne pouvait trouver à l'endroit où son esprit ordinaire le gardait occupé à chercher!

Cette anecdote renferme des douzaines d'idées précieuses concernant tant la nature de l'esprit du moi que celle du libre esprit. Elle nous donne en outre plusieurs aperçus des pouvoirs étonnants du libre esprit. Examinons trois des points les plus importants:

1. Louis croyait qu'il était malheureux parce qu'il n'arrivait pas à trouver la bonne émission à regarder sur son écran géant. Cette idée erronée le poussa à examiner en vain les mêmes choix stériles jusqu'au moment où il commit une heureuse erreur.

2. C'est seulement après avoir coupé le courant que Louis comprit que ce qu'il désirait vraiment était une chose que son esprit ordinaire n'avait pas envisagée comme une option! Il aspirait au silence.

3. Pendant tout le temps que Louis passa à éprouver de la frustration et de l'insatisfaction, il existait une option supérieure qu'il aurait discernée s'il avait pu voir en-dehors de lui-même.

Louis était prisonnier du nœud invisible et vicieux qui constitue la racine de l'esprit du moi. En effet, cette nature inférieure ne peut pas voir que ses propres plans d'évasion naissent au *même niveau que le captif, soit en elle-même!*

Par exemple, l'esprit du moi adore rêver d'une nouvelle relation qui sera meilleure que celle qui vient d'échouer. Cependant, tout en élaborant des plans en vue d'une nouvelle romance, cette nature malheureuse ne voit pas que la principale cause de son échec tient à ses attentes irréalistes, à ses exigences qui commencent toujours par: «Tu dois me satisfaire!»

Toute relation soumise à une pression, même si son but est d'essayer de raccommoder les choses, finit toujours par se disloquer. Nous pouvons apprendre à faire mieux qu'à nous laisser diriger par cet esprit du moi malavisé. Nous pouvons apprendre à nous distancier de ses manigances autodestructrices.

POSEZ CE GESTE INHABITUEL ET MODIFIEZ VOTRE EXPÉRIENCE DE TOUS LES JOURS

Imaginez un instant que vous vous rendez dans un grand cinéma comportant huit salles. Vous achetez votre billet et entrez dans la salle de votre choix. Bientôt, vous vous rendez compte que vous n'aimez pas le film et décidez de changer de salle. Malheureusement, l'autre film vous paraît aussi insipide. Vous changez donc de nouveau de salle. Et ainsi de suite.

Tant que vous demeurez l'un de ces auditeurs de films qui vit au niveau de l'esprit du moi, votre unique choix consiste à errer dans le cinéma. Vous passez d'un film à l'autre, sans vous rappeler que le film que vous vous apprêtez à regarder ne vous a pas plu *la première fois que vous l'avez vu.*

Par contre, si vous vivez au niveau du libre esprit, un autre choix s'offre à vous. *Vous sortez de la salle et quittez le cinéma.* Maintenant vous êtes libre de passer le reste de la journée comme bon vous semble.

Pour vous aider à mieux saisir le sens de ce parallèle, jetons un bref coup d'œil sur la scène de notre esprit ordinaire.

Observez le flot de vos pensées pendant un moment. Voyez-vous que votre esprit adore ressasser des événements qui ne se sont même pas encore produits? Ce processus mental met en lumière le zèle de l'esprit du moi, mais regardons de plus près ce que fait vraiment cette petite nature.

Chaque fois que l'esprit du moi imagine un événement futur, il essaie en fait de se sécuriser. Or la seule sécurité que pourra jamais connaître cette nature inférieure est *imaginaire*. C'est pourquoi il imagine un scénario après l'autre dont vous sortirez en quelque sorte vainqueur.

Cependant, plus il évoque de victoires, plus il craint de perdre les batailles qu'*il* vient d'inventer. Plus cet esprit inférieur s'agite et se livre à cette activité inconsciente, plus il tente de se rassurer en élaborant de nouveaux films mentaux. Il est facile de deviner la fin de cette navrante histoire sans avoir à l'inventer nous-mêmes. Ce profil psychologique illustre bien ce que signifie être à la fois prisonnier et geôlier!

Le libre esprit est toujours le témoin de notre expérience mentale et émotionnelle globale de sorte qu'il ne peut devenir esclave d'aucun désir caché. Dans ce cas-ci, l'intelligence supérieure du libre esprit comprend immédiatement qu'aucune image mentale de sécurité ne possède le pouvoir de vous sécuriser. Cette compréhension vous permet, sans aucun effort, de *sortir tout bonnement de votre propre film mental*. Voyez-vous l'énorme différence qui existe entre les scénarios de l'esprit du moi et ceux du libre esprit?

La capacité de sortir consciemment du cinéma de l'esprit du moi est égale à votre pouvoir de vous libérer. Pourquoi? Parce qu'une fois sorti de ce minuscule et sombre théâtre que votre nature inférieure considère comme le monde entier, vous avez enfin la certitude qu'*il existe quelque chose en dehors du monde de votre esprit ordinaire*.

Dès que vous aurez marché dans sa lumière, vous saurez que tout peut être à jamais nouveau pour vous.

À partir de ce moment-là, observez attentivement les images fugaces qui apparaissent dans votre esprit. Apprenez à surveiller toutes les scènes sans tenir aucun rôle dans la distribution. Rappelez-vous que rien de ce que vous voyez dans ce sombre théâtre n'est vraiment vous. Les dix vérités qui suivent résument ce chapitre et vous aideront à demeurer éveillé.

1. Tranchez cette question dans votre esprit: vous êtes libre de choisir la vie que vous voulez.

2. Votre degré de liberté n'a d'égal que votre volonté de voir votre degré de captivité intérieure.

3. Lorsque vous êtes poussé intérieurement à prendre une décision qui vous effraie, n'oubliez jamais que lutter pour obtenir *encore plus* de ce qui ne vous rend pas heureux ne peut pas vous rendre plus heureux.

4. Un jour viendra où vous ne vous identifierez pas plus avec vos pensées que vous ne confondez un aigle avec un coucou.

5. Avant de pouvoir changer les événements que nous attirons dans notre vie, nous devons d'abord modifier notre nature, car nous n'attirons jamais à nous autre chose que ce que nous sommes.

6. Pour surprendre votre faux moi en train de vous voler votre vie, remarquez calmement qu'il ne peut s'arrêter de penser à la chose même qu'il dit abhorrer ni d'en parler.

7. Être prisonnier de la peur n'est jamais sensé; aussi, pour vous libérer, surprenez votre faux moi en train de créer les conditions mentales qui lui donnent un air sensé.

8. De même que la lueur d'une seule chandelle dissipe la nuit la plus noire, votre vrai besoin d'être libre est beaucoup plus puissant que l'ombre de n'importe quel doute.

9. De même que les racines d'une fleur parfumée doivent trouver le bon sol pour que la fleur s'épanouisse pleinement, nous avons besoin d'un contact avec un sol supérieur.

10. Rien ne peut remplacer la découverte du libre esprit.

Voici un exercice utile auquel vous voudrez vous livrer encore et encore. Voyez comment son influence bénéfique illumine et allège vos journées. La répétition de cette action nouvelle mettra le pouvoir du libre esprit à votre service et vous permettra d'accéder à la liberté intérieure.

Prenez l'habitude de vous surprendre en train de regarder le «grand écran». Vous saurez que vous êtes assis dans la première rangée de l'esprit du moi si vous détectez les sentiments négatifs qui cherchent à vous faire croire que vous ne pouvez pas modifier ce que vous ressentez dans le moment. La peur, la colère, la dépression et la frustration sont quelques-uns des conflits intérieurs que l'esprit du moi adore projeter à travers votre système psychique.

Dès l'instant où vous prenez ces escrocs à vous voler votre vie dans l'obscurité de ce film mental, rappelez-vous que vous avez toujours une option supérieure. Au lieu de créer un scénario meilleur et différent de celui dans lequel vous vous trouvez, faites appel au libre esprit en vous détournant volontairement de l'écran mental de vos pensées. *Réveillez-vous!* Voici un moment propice pour commencer à le faire.

Remarquez la tension dans vos mains ou la sensation provoquée par l'air ambiant et la température de celui-ci. Devenez conscient de l'expression de votre visage. Parlez et écoutez le son de votre voix.

En ramenant votre attention au moment présent, vous rompez l'envoûtement psychique dont vous étiez victime. Somme toute, quand vous ressentez ce désir d'être éveillé et libre, allié à votre nouveau niveau de conscience, c'est comme si vous sortiez du cinéma.

Une fois sorti, faites de votre mieux pour le rester! Laissez le soleil de votre nature momentanément éveillée vous réchauffer doucement. Laissez le libre esprit vous rappeler ce que sont les vrais plaisirs. Vous rechercherez de plus en plus le soleil et de moins en moins les sombres drames de coulisse élaborés par l'esprit du moi.

Chapitre 3

Le secret de l'absence de pensées

Dans les univers complexes des affaires et de la science où la concurrence est féroce, l'imagination joue un rôle pratique et précieux et est essentielle au processus de créativité. En effet, c'est en améliorant les technologies anciennes que l'on en crée de nouvelles. Les découvertes importantes surviennent à la suite de changements à peine perceptibles. Le progrès avance un pas à la fois.

Cependant, dans notre vie intérieure, nous ne voulons pas une continuation de *ce qui est là*. Nous voulons quelque chose de *nouveau* et de *libre*. Nous ne voulons pas nous répéter ni construire sur des comportements dont les limites sont incontestables.

Cela signifie que pour nous libérer, nous devons procéder d'une manière tout à fait différente de celle que le monde autour de nous reconnaîtrait. Nous devons orienter notre boussole *non pas en fonction de ce que nous voulons découvrir, mais bien de ce que nous savons devoir laisser derrière nous.*

Pour nous éveiller à notre vraie nature, nous devons *lâcher prise*. Voilà un point important. Nous ne recherchons pas ce qui est sans limites, mais détectons et rejetons calmement les facettes de nous-mêmes qui nous empêchent de mener une vie sans contrainte. Tout en laissant aller ces ancres invisibles, nous montons sans effort vers la nature silencieuse et expansible du libre esprit.

Là encore, cependant, il ne faut pas tenter d'imaginer ce que serait notre vie si nous vivions au niveau de cette nouvelle nature. Comme nous en avons fait maintes fois l'expérience, nos images mentales ne sont jamais à la hauteur de nos attentes. Cela est particulièrement vrai en ce qui touche les portraits flatteurs que nous brossons de nous-mêmes.

Par exemple, nous avons tous connu ces moments affreux où notre image de personnes assez fortes pour affronter n'importe quelle situation se brisait en mille miettes sous nos yeux incrédules. Et nous restions là, stupéfiés d'avoir été aussi aveugles à ce que nous étions!

Il y a un point que je désire clarifier: nous aspirons à la liberté et à des forces qui sont ancrées *dans la réalité*. Or, pour acquérir ces pouvoirs fondés sur la réalité, nous devons les chercher précisément là: au sein de ce qui est *réel*.

Pourtant, depuis le temps que j'enseigne les principes de la libération de soi-même, j'ai appris que la *réalité* n'est pas un sujet très bien accueilli. Il semble que la plupart d'entre nous soient peu disposés à affronter ce qui nous paraît comme la cruelle lumière de notre existence individuelle. On comprend facilement pourquoi.

Notre vie semble vaciller comme une ampoule dont on ne sait pas si elle s'allumera l'instant d'après. Un instant, nous brillons, l'instant d'après, ce qui était un éclat lumineux est réduit à un faible vacillement. Dans cette lumière parfois faiblissante, nous voyons trop bien les aspects de nous-mêmes qui nous paraissent superficiels ou dénués d'amour. Nous craignons que la vie elle-même soit trop morne et trop cruelle pour que nous puissions la supporter. Bientôt, la *peur* de ce que nous voyons comme la réalité de la vie *devient le fondement de notre réalité*.

Cet état d'esprit effrayé est désespérant. Nous sommes réduits à chercher et à trouver le bonheur auquel nous aspirons dans nos espoirs et nos rêves. C'est ainsi que nous orientons notre vie vers demain. Comment pourrait-il en être autrement quand notre vision de ce que nous prenons pour la réalité nous fait croire que *la vie ne peut pas se borner à aujourd'hui!*

Or l'existence au jour le jour que nous trouvons si difficile à affronter sans nos rêves d'évasion n'est pas la *vie réelle*. Nous *croyons* seulement qu'elle l'est. Cette vision erronée de la réalité est uniquement fonction du fait que nous vivons l'ensemble de notre vie *en pensée*.

La vie n'est pas faite pour être vécue *en pensée*. Tout ce qui nous entoure le prouve au-delà de tout doute, mais nous avons perdu la capacité de le voir.

RENONCEZ À VOTRE FAÇON DE PENSER HABITUELLE

Imaginez un instant que vous retournez chez vous en voiture après une journée de travail particulièrement ardue. Tout en conduisant, vous gardez les yeux sur la route devant vous, mais votre esprit est très affairé à repasser tous les événements désagréables de la journée.

À plusieurs reprises, vous accusez le coup porté par un commentaire cruel étourdiment lâché par un collègue ou ressentez l'embarras causé par le commentaire idiot que vous avez passé sans réfléchir. Chaque fois que la scène repasse dans votre esprit, vous vous enfoncez de plus en plus profondément dans vos pensées, dans une tentative désespérée pour échapper à une situation qui vous paraît intolérable.

Ce que vous ne voyez pas cependant, c'est que *plus vous pensez, plus vous vous enfoncez!* Cela est exactement le contraire de ce que vous croyez accomplir. Et plus vous vous enfoncez dans vos pensées, moins vous êtes capable de voir ce que fait le reste de votre personne.

La conduite imprudente, les excès de vitesse, le fait de rater une sortie et d'autres acrobaties aussi dangereuses, sont quelques-uns des actes insensés que vous commettez quand vous conduisez sous l'influence d'un flot de pensées qui vous font du mal et vous déchirent.

Dans des moments comme ceux-là, vous n'êtes pas aux commandes de votre vie. Elle appartient à vos pensées, à l'esprit du moi. Cette nature sous-évoluée ne comprend pas ce qu'elle s'inflige à elle-même ni ce qu'elle vous impose en cherchant désespérément un exutoire au poids de *ses propres actions inconscientes*.

L'esprit du moi ne comprend pas que la liberté est un état; *le soulagement qu'il cherche ne peut jamais être une création mentale.* Mais l'ignorance de cette nature inférieure ainsi que ses efforts furtifs pour nous garder dans un état de sommeil semblable au sien s'expliquent fort bien.

L'esprit du moi fait faillite le jour où nous prenons conscience que *nous sommes libres* chaque fois que nous nous surprenons à construire une nouvelle prison avec nos pensées. Notre conscience éveillée nous sort instantanément de notre captivité. Comme la servitude que nous nous étions imposée disparaît, il en va de même de *notre besoin désespéré de nous évader!* Ce que l'esprit du moi tente de nous cacher, c'est que nous sommes *déjà* libres.

LE LIBRE ESPRIT EST TOUT À FAIT RESPONSABLE

Tout enseignement authentique vise toujours à nous rendre conscients du fait que chercher une vie supérieure à travers des idéaux fabriqués par l'esprit équivaut à vouloir ramer jusqu'aux étoiles sur un radeau. Une fois que nous avons compris cela, nous cessons de gaspiller notre énergie vitale à imaginer mentalement notre bonheur ou notre grandeur.

Le Christ a souvent parlé de la futilité d'utiliser la pensée comme fondement pour connaître son véritable moi. Il a demandé d'innombrables façons si l'homme pouvait augmenter sa stature uniquement par la pensée. Il enseignait à ses disciples à ne pas penser au lendemain.

Le Christ savait qu'il devait éveiller ses disciples au fait qu'une vie confinée au royaume mental entraîne une captivité secrète et triste. Pourtant, aussi significatifs qu'aient été ses enseignements dans le passé, ils ne le sont plus pour nous aujourd'hui à moins que nous puissions découvrir, pour nous-mêmes, la liberté et l'absence de peur qui caractérisent une vie sans pensée. Peut-on atteindre un niveau de vie aussi élevé? Bien sûr!

Veuillez comprendre qu'il n'est pas question ici de baisser les bras et de mener une vie inféconde et irréfléchie. Pas du tout, même si c'est exactement ce que l'esprit du moi intéressé et secrètement inquiet nous chuchotera à travers nos pensées. En outre, nous ne serons jamais vraiment convaincus que pour être réfléchi ou aimant, il faut aussi être anxieux ou stressé. On ne peut pas se «déchirer» d'une manière aimante!

Vivre au niveau du libre esprit ne signifie pas vivre d'une manière irréfléchie ni abandonner ses responsabilités. Ce serait plutôt le contraire. Certains des hommes et des femmes les plus illustres ont puisé leur inspiration et leur direction dans la force silencieuse du libre esprit.

Dans son livre intitulé *The Power of the Supermind*, Vernon Howard entretient ses lecteurs de plusieurs de ces individus uniques. «On accuse souvent les hommes illuminés d'être des rêveurs dénués de sens pratique. Les recherches prouvent le contraire. Henry David Thoreau, que certains considèrent comme un fainéant, était un marchand doué d'un excellent sens des affaires qui dirigeait une entreprise de crayons et de graphite. Platon était un vendeur réputé auprès de sa clientèle égyptienne. Jacob Boehme, outre qu'il fut reconnu comme un génie mystique, était connu dans sa Görlitz natale comme un homme d'affaires et un cordonnier chevronné. John Burroughs, le philosophe de la nature américain, était un vérificateur bancaire efficace.»

LE POUVOIR LIBÉRATEUR SECRET DE L'OBSERVATION DE SOI-MÊME

— Je voudrais savoir s'il est possible de vivre sans penser. L'idée de vivre sans nourrir de doutes sur moi-même m'apparaît très attrayante. Qu'ai-je besoin de savoir pour commencer?

— Le moment est venu de faire la connaissance d'un ami et allié important du libre esprit. De même que le mineur a besoin de lampes et d'outils spéciaux pour éclairer les roches aurifères, nous avons besoin d'un instrument pour illuminer le monde obscur de notre psyché et notre travail intérieur: nous devons apprendre à *nous observer nous-mêmes.*

— Que faut-il faire?

— Nous savons déjà que nous sommes captifs d'une fausse nature, d'une sorte de moi créé par le tourbillon de nos pensées et de nos sentiments. Pour nous libérer de cette nature déformée et de la réalité qu'elle nous impose, *nous devons nous rendre compte que son univers n'est pas le même que le nôtre.* Cette découverte découle d'une action consciente qui consiste à *prendre délibérément du recul par rapport à nos pensées.* Nous devons des observateurs de nous-mêmes et concentrons notre attention vigilante tant sur le contenu que sur l'intention de tout ce qui provient de notre esprit et de notre cœur.

— Qu'entendez-vous par «prendre du recul par rapport à nos pensées»? Cela m'apparaît comme un bon truc! Par où commence-t-on?

— Commencez là où vous êtes. En fait, essayons tout de suite. Prenez conscience, immédiatement et *sans réfléchir,* que vous pensez. *Voyez* que des pensées et des sentiments vous traversent. Tout en surveillant leurs mouvements, soyez un témoin silencieux. Contentez-vous d'observer.

— J'ai déjà entendu parler de cette méthode et je comprends très bien ses avantages. Mais j'ai de la difficulté à en appliquer les principes à ma vie. Pouvez-vous m'aider?

— Pour vous observer, ne prenez pas position face aux pensées et aux sentiments qui passent dans votre esprit. Ne vous rangez pas d'un côté ou de l'autre du contenu de vos pensées. Autrement dit, *ne prenez pas parti pour ou contre une pensée au moyen d'une autre pensée.* Si vous êtes pris temporairement au filet d'une pensée, *surveillez cet événement* avec impartialité et recommencez à zéro. Prenez simplement conscience de vos pensées et de vos sentiments.

La clé de l'observation de soi-même est une conscience de soi accrue qui vous met en contact direct avec une intelligence nouvelle et supérieure, une sagesse silencieuse qui se met immédiatement au travail pour vous. Ce niveau initial du libre esprit sait exactement quoi faire avec tout ce qui passe devant lui. Il voit venir les singeries égoïstes et stupides de l'esprit du moi à des milliers de kilomètres, vous mettant ainsi à l'abri du danger. Pour cette nature élevée, les actions incisives n'exigent aucun effort ni pensée.

— Dites-moi comment, au juste, l'observation de nous-mêmes peut nous empêcher de nous faire du tort?

ABOLISSEZ VOS VOIX INTÉRIEURES FUNESTES

Recherchez attentivement l'or contenu dans la sagesse de la pensée suivante. Les efforts supplémentaires que vous ferez ici seront très profitables.

Si vous ne *voyez* pas une pensée ou un sentiment au moment où il vous traverse, *vous n'avez pas le choix de vous identifier ou non avec cette pensée ou ce sentiment.*

Par conséquent, avant de choisir de ne pas nous nuire à nous-mêmes, nous devons d'abord prendre conscience des pensées qui peuvent contenir un germe d'autodestruction. Si nous ignorons que nous avons ces sortes de pensées ou exprimons leur contrepartie émotionnelle, comment faire autrement que de subir l'échec qu'elles personnifient?

Par exemple, ces voix intérieures funestes et ces forces émotionnelles peuvent nous pousser à en vouloir à quelqu'un ou à détester notre vie; à déclarer forfait et à accepter la peur comme un mode de vie. Nos pensées peuvent nous ordonner, à notre insu, de nous accrocher à nos doutes; ou de plonger tête première dans le bain de l'apitoiement sur soi-même. Et comme nous ne savons pas qu'il existe d'autres possibilités, nous leur obéissons.

Ce que nous ne savons pas *encore,* mais sommes en train d'apprendre, même en ce moment, c'est que nous pouvons nous réveiller au beau milieu de ces épreuves mentales. Grâce à l'observation de soi-même, nous pouvons *voir* que ces pensées destructrices ne sont que cela: *des pensées.* Elles n'ont aucune autorité réelle, ce qui signifie que leur direction inconsciente n'a pas besoin d'être notre destinée.

— Il m'est arrivé de prendre conscience de mes pensées pendant quelques instants, mais j'ai l'impression qu'il ne se passe rien quand j'observe. À d'autres moments, ce que je voyais en moi-même m'indisposait énormément. Que devrais-je faire?

— *Continuez.*

Vous *ne pouvez pas nier* votre désir persistant d'observer en silence vos pensées et vos sentiments. Aussi, ne vous inquiétez pas si vos efforts initiaux ne vous révèlent pas grand-chose sur vous-même. Ce qui nous amène à un point important: ne méprenez jamais une découverte *à propos* de vous-même pour ce que vous êtes. C'est là une des astuces favorites de l'esprit du moi. En d'autres termes, ne voyez pas votre niveau actuel de conscience, quel qu'il soit, comme étant négatif. Voyez-le plutôt comme une réalité qui travaille *pour vous* et non contre vous. La recherche patiente de toute vérité temporaire sur vous-même ne peut qu'apporter plus de lumière dans votre monde intérieur. Votre vision intérieure se développera de plus en plus, mais vous devez vous habituer à cette illumination de soi et à ce qui se passe *à l'intérieur de vous-même* à mesure que s'intensifie la lumière de l'observation de soi.

De nombreuses idées fausses vivent dans l'obscurité de l'esprit du moi. Il serait naïf de croire qu'elles ne crieront pas quand vous braquerez votre lumière sur eux. Toutefois, si vous persistez à vous observer, vous pouvez même apprendre à utiliser les hurlements de l'esprit du moi pour vivre sans penser. Voici comment.

Pour commencer, prenez toujours une distance consciente vis-à-vis de ce qui, à l'intérieur de vous, hurle après vous. Une fois retiré de cette manière spéciale, voyez que tout cri d'inconfort, d'inquiétude, d'anxiété ou de honte *ne peut jamais faire partie de votre vraie nature.* Le libre esprit connaît ce secret depuis toujours. Il est temps que vous compreniez comment cette idée peut vous libérer. Vous pouvez le faire. D'autres l'ont fait avant vous.

Le domaine supérieur du libre esprit vous attend calmement. Élevez-vous et pénétrez dans ce royaume exempt de pensées en laissant les trois principes supérieurs ci-dessous vous aider à parfaire votre observation de vous-même.

1. Défiez consciemment, d'une façon calme, mais déterminée, tout sentiment qui vous dit que vous êtes coincé avec lui.

2. Prendre une distance par rapport à ses pensées et apprendre à les observer, c'est s'élever vers le libre esprit.

3. Votre réceptivité à une idée supérieure à votre sujet vous élève au niveau de cette idée; de même que les aigles ne craignent pas les requins, l'idée que vous craigniez jadis ne vous effraie plus.

LAISSEZ TOUTE PENSÉE PERTURBÉE LÀ OÙ VOUS LA TROUVEZ

À une période de ma vie, je vivais dans une magnifique région de la Californie appelée Ojai. La vallée supérieure d'Ojai est couverte de noyers et de chênes énormes qui se découpent sur un fond de broussailles et de fourrés très denses.

Les saisons sont marquées par le changement des graminées et des fleurs indigènes. Au début de chaque année, c'est le trèfle pourpre et les fleurs d'abricot blanches qui dominent, suivis par des océans de moutarde sauvage jaune. Puis ce sont les interminables champs d'avoine qui tournent lentement du vert au marron. Quand on sait où regarder, on peut trouver des ruisseaux et des bassins limpides et éternels qui gonflent sous l'effet des pluies printanières.

Mon plus grand plaisir était de disparaître dans les montagnes avoisinantes pour marcher le long de ces cours d'eau. J'aimais escalader la montagne dans leur lit en sautant de pierre en pierre. Il y avait toujours beaucoup de choses à absorber et je dois admettre que parfois, je faisais plus que me laisser simplement pénétrer par l'atmosphère unique du lieu. Si j'avais de la chance, j'apercevais une noix ou une grappe de baies particulièrement appétissante ou encore une pierre exceptionnelle que je rapportais chez moi.

Un après-midi où je m'étais enfoncé assez loin dans les collines à la poursuite d'un ruisseau gonflé par les pluies, j'aperçus soudain une pierre de la grosseur d'un poing dont les couleurs ne ressemblaient en rien à ce que j'avais vu auparavant. Elle était partiellement submergée. En quelques instants, j'atteignis sa cachette et la tins dans mes mains. Un autre trésor dont je pourrais me délecter, songeai-je, en tournant les talons pour rentrer à la maison.

Trois quarts d'heure plus tard, cette merveille naturelle allait rejoindre ma petite collection de bonsaïs sur un vieux banc de bois placé près de la porte arrière. Elle s'harmonisait très bien avec l'ensemble éclectique de mes souvenirs de la montagne. Puis, après m'être assuré une dernière fois que tous les objets se trouvaient à la place qui leur convenait, je rentrai.

Le lendemain, quand je me levai et sortis pour admirer ma trouvaille insolite, j'eus un choc. La pierre quasi luminescente de la veille s'était changée en une roche terne et sans vie. Un peu comme si elle était morte pendant la nuit. L'instant d'après, je compris ce qui s'était passé.

La pierre avait perdu sa beauté parce que l'eau du ruisseau ne coulait plus sur elle pour la faire briller. Elle était sèche et déshydratée. Aucune humidité, aucun lustre, aucune splendeur. Je compris alors mon erreur et sus que je ne la referais plus jamais. Cette pierre appartenait à l'endroit où je l'avais trouvée dans le ruisseau. J'aurais dû la laisser là.

Cette histoire simple renferme d'importantes leçons pour nous à bien des chapitres, mais l'une d'elles ressort du reste. Même si elles brillent au premier coup d'œil, *apprenez à laisser les pensées et sentiments troublants là où vous les trouvez.*

Par exemple, pourquoi ramasser le sentiment négatif qui découle toujours du commentaire irréfléchi de quelqu'un, juste parce qu'il attire momentanément votre attention? *Vous n'êtes pas obligé de le rapporter à la maison. Laissez-le là où vous l'avez trouvé.*

Pourquoi attendre que votre esprit bouillonne pour comprendre que, bien qu'elles semblent rayonner de vie, les pensées négatives ne sont en fait qu'une sorte de parasite psychique. Laissez toutes ces formes obscures à l'endroit où vous les trouvez, dans la boue de l'esprit du moi. C'est là qu'elles doivent rester.

Afin d'approfondir ce point important, passons en revue les autres pensées et sentiments qu'il vaut mieux laisser là où on les trouve. Plus nous connaissons le contenu et la présence de nos pensées, plus il est facile de ne pas ramasser celles qui enlaidissent notre vie.

1. Vous comparer aux autres ou même à vos réussites passées ne sert à rien d'autre qu'à vous tourmenter. *Laissez toutes les comparaisons là où vous les trouvez.*

   Pensée spéciale à méditer: *Le libre esprit se situe au-delà de toute mesure.*

2. N'accueillez pas les pensées ou sentiments qui vous ordonnent de vous trahir aujourd'hui afin de pouvoir vous posséder à un moment vague du futur. *Laissez toutes les pensées et sentiments d'anxiété là où vous les trouvez.*

   Pensée spéciale à méditer: *Le libre esprit sait que vous avez déjà tout ce qu'il faut pour être heureux dès maintenant.*

3. Les personnes en colère veulent vous faire sentir leur feu. Si vous refusez d'accueillir leur humeur autopunitive, elles resteront aux prises avec sa sensation brûlante. C'est ce dont elles ont besoin et cela vaut beaucoup mieux pour vous. *Laissez la furie des autres là où vous la trouvez.*

    Pensée spéciale à méditer: *Le libre esprit reconnaît que toutes les formes de haine et de ressentiment sont déchirantes pour soi-même.*

4. N'accueillez jamais une pensée qui affirme que votre échec dans la vie est une réalité. L'échec ne devient une réalité de la vie que lorsque vous commencez à croire que votre avenir sera marqué d'un sentiment de noirceur temporaire. *Laissez vos pensées et sentiments de lassitude là où vous les trouvez.*

    Pensée spéciale à méditer: *Le libre esprit vit dans un univers où l'échec n'existe pas.*

5. Avant de vous prendre pour une victime, il a fallu qu'une pensée invisible et punitive fasse de vous une victime. *Laissez les pensées punitives là où vous les trouvez* et vous n'éprouverez pas le besoin de blâmer quelqu'un d'autre pour le sentiment que vous vous êtes imposé.

    Pensée spéciale à méditer: *Le libre esprit sait que l'esprit du moi ne peut pas vivre sans connaître la cause de tout ce qui lui arrive!*

Imaginez un instant à quoi ressemblerait votre vie si vous n'accueilliez jamais plus de récriminations. Songez à la façon dont vous couleriez vos jours sans porter le poids additionnel des voix intérieures qui passent leur temps à vous dire «Je suis trop las» ou «C'est plus que je ne puis supporter!». Le poids du monde serait remplacé par un nouveau sentiment de liberté. Des énergies fraîches et nouvelles vous inonderaient.

Si c'est à ce genre de vie intérieure libre de tout souci que vous aspirez vraiment, examinez attentivement les deux principes suivants qui reflètent une histoire de liberté: *laisser les pensées troublantes là où vous les trouvez équivaut à ne pas accueillir ce qui vous trouble.* Et si vous pouvez laisser une seule de ces pensées derrière vous, vous pouvez certainement en laisser deux, trois, quatre et cinquante!

LE SECRET DE LA CONNAISSANCE SANS LA PENSÉE

La plupart des gens croient que s'ils ne s'inquiètent pas, il leur arrivera malheur. Ce qu'ils ne voient pas, c'est que les inquiétudes qu'ils ont accueillies par erreur sont l'orage même qu'ils craignaient.

Lorsqu'on leur présente des idées nouvelles et bénéfiques comme celles que nous sommes en train de découvrir au sujet d'une vie libre de pensées, la première question qu'ils posent est la suivante: «Et si je commettais une erreur? Comment savoir quels sentiments et pensées je dois laisser derrière moi et lesquels je dois accueillir? Et si je choisissais les mauvais?»

Le libre esprit ne s'inquiète jamais de cela! Vous n'avez pas besoin de vous en inquiéter non plus. Voici pourquoi. Il existe une façon de savoir précisément, sans même y réfléchir, quels sentiments et pensées sont vos amis et lesquels sont vos ennemis; une manière de comprendre lesquelles parmi vos pensées sont pratiques et nécessaires à la vie de tous les jours et lesquelles vous volent votre vie à votre insu en vous causant un tort insoupçonné. Vous possédez des pouvoirs de perception qui attendent seulement d'être ravivés. La technique suivante commencera à réveiller le libre esprit qui est en vous.

Déposez votre livre un instant et laissez vos yeux se poser sur un objet familier de l'endroit où vous vous trouvez. Remarquez que votre esprit s'empresse de lui donner un nom. Fixez votre attention sur n'importe quel objet de votre choix et continuez d'observer les pensées qui vous viennent à l'esprit à propos de cet objet.

Maintenant, tout en observant *à la fois* l'objet *et* le flot croissant de vos pensées et sentiments, *laissez tomber ces pensées et ces sentiments.*

Vous voyez toujours l'objet et en connaissez la nature, mais maintenant, vous le *connaissez sans penser.* Voici l'amorce d'une relation non conditionnée avec la vie, le début de votre vie au niveau du libre esprit.

Grâce à cette forme d'attention supérieure, de connaissance sans pensée, vous constatez que l'objet conserve la même *signification,* mais que désormais, celle-ci vous est communiquée directement et en silence, *au lieu que vous écoutiez vos pensées vous parler d'elle.*

Dans le cas d'une chaise ou d'un crayon, ce nouvel état sans pensée peut sembler plutôt superficiel. Mais vous pouvez étendre cette habitude à votre vie tout entière, et devriez le faire.

On ne peut surestimer les avantages que cache la capacité de comprendre quelque chose ou quelqu'un sans avoir à penser. Un exemple simple révèle comment ce pouvoir unique vous confère une nouvelle forme de sécurité.

Le seul cas où une personne ou un événement peuvent nous blesser, c'est quand nous avons en quelque sorte établi une relation insatisfaisante avec ceux-ci. Les relations insatisfaisantes sont la principale cause d'une dépendance pénible. Et nous ne pourrions pas nouer de relation insatisfaisante avec quelque chose ou quelqu'un *si* nous pouvions *voir* à l'avance ce que signifie vraiment s'engager dans cette relation et la vivre.

Après l'échec d'une relation importante, combien de fois nous nous sommes dit: «Si seulement j'avais su plus tôt ce que je sais maintenant!» Il vaut la peine de préciser que cette sagesse rétrospective ne contribue vraiment qu'à faire croire à l'esprit du moi qu'il peut voir clair. Mais c'est faux. *Les pensées ne peuvent pas voir.*

C'est pourquoi, trop souvent, nous ne voyons pas ce qui est écrit sur le mur tant qu'il n'est pas tombé sur nous! Mais tout ce qui nous empêche de voir que le mur est sur le point de tomber, c'est que nos yeux refusent de voir qu'il est chancelant. Ce qu'ils voient, c'est un mur constitué de nos propres pensées en apparence solides *sur ce que nous voulons que soit ce mur: un mur édifié sur l'idée de ce dont nous avons besoin pour être en sécurité, aimés ou heureux.*

C'est peut-être un peu humiliant, mais il n'est pas difficile de nommer certaines des choses que *nous voulons voir.*

1. Nous cherchons une personne douée d'une force que nous ne trouvons pas en nous-mêmes.

2. Nous cherchons une situation dans laquelle nous pouvons demeurer en sécurité.

3. Nous cherchons un plaisir qui ne se changera pas en son douloureux contraire.

La réalité, c'est que nous ne sommes jamais trahis par une situation ni par une personne que nous croyons forte, mais qui s'avère être faible, cruelle ou sournoise.

Non. La vraie trahison a toujours lieu quand nous écoutons, sans le mettre en doute, notre esprit nous dire que nous avons besoin de l'approbation d'un autre pour nous sentir en sécurité ou pour réussir.

Nous sommes trahis chaque fois que nous accueillons l'idée fausse que le nombre est un gage de force; de sorte que nous devons maintenant trouver une façon de nous mettre au diapason des autres *si* nous voulons nous sentir en sécurité.

Ces murs de pensées erronées qui finissent par nous trahir et tous les autres *doivent tomber* car ils ne sont pas réels. Vivre au niveau du libre esprit, c'est vivre sans ces murs et leurs chutes.

Si la seule cause de notre conflit réside dans notre insouciance psychique, qui nous porte à cueillir à notre insu et à rapporter avec nous des pensées et des sentiments qui nous font du tort, la solution dont nous avons besoin et que nous devrions chercher *doit se trouver dans une nouvelle forme de conscience.* Or cette conscience supérieure existe dans le libre esprit. Il suffit de nous mettre en harmonie avec ses pouvoirs, ce qui est possible.

Exercez-vous à connaître sans penser. Commencez dès aujourd'hui. Commencez *maintenant.*

Voyez la signification des individus et de leurs actes, de votre comportement, des événements mondiaux, de toutes vos relations, *sans* nommer ce que vous voyez. Encore une fois, laissez la signification de ce qui se trouve devant vous *se révéler à vous.* Restez en dehors de cela. Si vous ne le faites pas, un intérêt personnel nocif entrera en jeu et brouillera votre image.

Affrontez bravement vos journées de cette façon nouvelle. Allez et venez entre votre besoin naturel de penser aux détails pratiques qui requièrent votre attention au travail ou à la maison et cette nouvelle façon de voir, de connaître sans penser. Soyez patient avec vous-même. Pendant un certain temps, vous aurez l'impression de devoir accueillir une pensée ou un sentiment même si une partie de vous sait qu'elle ne devrait pas le faire. Apprenez simplement à observer cela aussi. Quand vous échouez, faites de votre mieux pour ne pas accueillir de jugements sur vous-même.

Enfin, *ne craignez rien que vous puissiez voir en vous-même ou ailleurs.* N'accueillez pas non plus ces sentiments qui ne cherchent qu'à vous charger d'une fausse perception du soi engendrée par un sens des responsabilités tout aussi faux. *Nulle* peur ne vous appartient désormais. Le libre esprit *sait* cela et il sait comment traiter toutes les autres perturbations, *tout cela sans penser.* Écoutez-le vous dire ce que vous devez savoir, et un jour, vous saurez ce que signifie vivre pleinement et en sûreté au niveau du libre esprit.

Pour être vraiment réceptif, il faut avoir l'esprit tranquille. Aussi, essayez de trouver la leçon sur le silence intérieur que dissimule chacun des dix principes ci-dessous. Vos découvertes vous placeront sur la voie qui mène à une vie où vous n'aurez plus de doutes sur vous-même.

1. Les richesses du libre esprit ne diminuent jamais et ne peuvent être dérobées.

2. Choisir votre orientation quotidienne avec un esprit confus équivaut à utiliser les lames d'un mélangeur comme boussole.

3. Se surprendre à accueillir une pensée dangereuse, puis la laisser là où on la trouve, c'est mettre une pièce d'or dans sa poche.

4. Dans la vie, vous n'avez pas besoin d'être comme vous pensez devoir être.

5. Éveillez-vous aussi souvent que vous le pouvez à la différence entre des pensées bouillonnantes et des pensées apaisantes.

6. Ce que vous «sentez» et ce que vous «êtes» sont deux choses aussi distinctes que le vent et le vaste ciel.

7. Le libre esprit connaît très bien l'esprit du moi, mais ce dernier ignore tout de la liberté.

8. Rien n'est plus pratique que la pratique de la *connaissance sans la pensée*.

9. Aussi souvent que possible, souvenez-vous de laisser calmement aller toute pensée ou tout sentiment qui vous perturbe, *y compris* toute nouvelle pensée qui menace de vous perturber encore davantage si vous laissez aller cette première pensée.

10. L'émergence du libre esprit exige des efforts particuliers tandis que les perturbations qui caractérisent l'esprit du moi n'en demandent aucun.

FAITES UN PAS AUDACIEUX EN DIRECTION D'UNE VIE SANS PENSÉE

Chaque matin, avant d'amorcer vos occupations journalières, trouvez un endroit où vous asseoir en silence pendant environ dix minutes. Si vous devez vous lever plus tôt pour cela, *faites-le. Utilisez ce moment pour ne rien faire sauf prendre conscience du fait que votre esprit refuse de se joindre à vous pour ne rien faire.*

Évitez cependant de faire des efforts pour ne pas penser. Contentez-vous d'observer en silence que vos pensées ne s'arrêtent jamais; voyez à quel point vous avez la tête pleine de pensées. Encore une fois, votre but *n'est pas* de «faire» quelque chose de ces dix minutes, mais de *voir* quelque chose à propos de vous-même. Voilà une façon saine d'apprendre à se connaître.

Soyez de plus en conscient que vos pensées tourbillonnantes *sont animées d'une vie propre* et commencez ainsi à vous dissocier de leur influence. Voilà le merveilleux début du silence intérieur. Jusqu'ici, vous n'avez peut-être jamais songé au fait que vos pensées ne vous appartenaient pas. Maintenant, vous pouvez observer ce fait.

Cet exercice vous aidera à voir que votre vraie nature n'est *aucune* des pensées qui vous traversent l'esprit. Vivre sans pensées sur soi-même suit de près cette découverte intérieure.

Chapitre 4

Apprenez la façon d'accéder à un niveau de vie supérieur et plus heureux

Les êtres humains sont une création unique dans le schéma cosmique des choses. Il est très important, aux fins de notre étude sur le libre esprit, que nous clarifiions cette distinction. Au contraire des milliards d'autres formes de vie qui fourmillent sur la terre, dont la nature est clairement connue, la nature humaine n'est *pas déterminée*. Qu'est-ce que cela signifie pour vous? Tout, tout simplement!

Le tigre, le cheval et l'oiseau *doivent exprimer* leur nature. Ils n'ont pas vraiment le choix. Même s'ils sont libres de choisir dans quelle partie de la jungle ou dans quels champs ils veulent se nourrir et errer, ces animaux ne peuvent pas choisir *la sorte de monde dans lequel ils veulent vivre*.

Le tigre ne peut décider de vivre au-dessus de la jungle pas plus qu'un requin ne peut décider de voler dans le ciel bleu. Le tigre, le cheval, l'oiseau et le requin doivent vivre *là où ils vivent* en raison de *ce* qu'ils sont. Comprenez bien ceci.

La nature du tigre détermine sa vie et celle-ci *fait partie de la jungle*. Les deux sont inséparables. La nature du tigre et son *niveau de vie* sont une seule et même chose. Le niveau de vie du tigre détermine l'univers qu'il *doit* habiter. Sa nature et son niveau de vie sont aussi définis que les taches du léopard.

Votre nature à vous, toutefois, n'est pas déterminée. Cela constitue une réalité spirituelle puissante que vous devez maintenant intégrer à vos découvertes et à votre expérience personnelle.

Vous avez la liberté de choisir le type d'univers qui est le vôtre. Pourquoi passer votre vie dans la jungle étouffante de vos pensées rugissantes ou dans une sombre vallée pleine de tristesse et d'inquiétude quand, *en choisissant un niveau plus élevé,* vous pouvez être plus heureux? Votre vie peut être aussi claire et fraîche qu'un ruisseau de montagne *en autant que* vous en décidiez ainsi.

Mais vous devez le décider. Ce dont très peu d'hommes et de femmes se rendent compte, sur le plan spirituel, c'est que la vie est une série interminable de choix intérieurs concernant l'endroit où l'on veut vivre. Même si nous ne comprenons pas très bien la nature de ces choix, ou pourquoi nous devons les opérer, *ne pas choisir* équivaut à perdre. Je m'explique.

Notre nature inexplorée englobe la gamme complète des niveaux de vie possibles, depuis la jungle de nos conflits jusqu'aux sereins sommets montagneux. Ne pas choisir un sentier ascendant à travers la vie, c'est se résigner à subir la loi de la gravité, qui va toujours dans le sens de sa propre nature, c'est-à-dire *vers le bas.*

Une image mentale clarifiera certains de ces concepts importants et invisibles.

Imaginez une vaste résidence comprenant un nombre illimité d'étages. Chaque étage représente un niveau de vie parmi les innombrables possibilités qui existent. Si cela vous aide, voyez cette maison comme votre vraie nature, le libre esprit.

Pour rendre votre image plus concrète, pensez au plus grand magasin à rayons dans lequel vous soyez jamais entré. Comme pour la maison ci-dessus, chaque étage offre des articles qui lui sont particuliers. Les fusils et les munitions ne se trouvent pas au même étage que les livres; ni les pièces d'automobile avec les fines dentelles. Ainsi, comme pour la maison, chaque étage représente les choix de vie possibles.

Par exemple, tant que vous vivez au sous-sol de la maison, vous ne pouvez bénéficier de l'air frais et de la lumière naturelle qui baignent le rez-de-chaussée, juste au-dessus. De même, vous ne pouvez, au premier étage, contempler la beauté du panorama comme vous le pourriez depuis le cinquième ou les étages supérieurs. Ainsi de suite, jusqu'aux étages les plus élevés.

Vos expériences de vie sont déterminées par l'«étage» auquel vous choisissez de vivre. Chaque étage représente un niveau de vie possible. Or même si chacun de ces niveaux intérieurs et des événements naturels qu'ils attirent sont fixes, *vous, vous ne l'êtes pas*. Au contraire du tigre qui ne peut quitter le territoire qui lui est dévolu, vous pouvez laisser loin derrière vous toute partie de votre nature qui vous trouble. Poursuivez votre lecture afin de découvrir une autre caractéristique étonnante de votre vraie nature.

Imaginez un escalier qui monte en tournant jusqu'en haut de cette immense demeure intérieure. Il part du sous-sol obscur et monte jusqu'à perte de vue. Chaque marche de cet escalier fait aussi partie de votre vraie nature, mais *aucune n'appartient aux étages qu'elle traverse.*

Cela signifie que vous n'êtes pas obligé de rester à un niveau que vous n'avez pas choisi. *Vous avez le pouvoir de monter.* Vous pouvez modifier vos expériences en vous éloignant des territoires intérieurs non désirés qui vous font la vie dure. Ainsi, s'éloigner de soi-même équivaut à s'élever soi-même. Votre vie est censée être un cheminement ascendant.

Maîtrisez vos réactions

Il existe un pouvoir du libre esprit que vous *possédez déjà* et qui peut non seulement construire une échelle entre un niveau de vie et l'autre, mais encore vous aider à gravir cette échelle afin que vous puissiez pénétrer dans chaque royaume successif. Quelle est la force secrète qui est à la source de l'élévation de soi-même? *Votre capacité d'apprendre.*

Ces trois mots — *je peux apprendre* — sont les plus puissants de toute langue. Rien dans l'univers ne peut retenir les rares personnes qui comprennent clairement qu'elles *ignorent* ce qui fait obstacle à leur bonheur, mais *sont décidées à le découvrir.* Si nos douloureux modèles de comportement sont des prisons sans mur, la volonté d'apprendre ce qui est nouveau et vrai est une porte ouverte sur la liberté.

Dans mon livre intitulé *Les voies de l'émerveillement,* nous avons appris que l'esprit du moi ne possède que deux issues quand il fait face à une crise. Nous avons vu aussi qu'aucune de ces issues ne résout jamais rien. «Chaque fois que se produit un événement douloureux, celui-ci ne frappe en général qu'un seul des deux côtés d'une personne. Le premier côté est celui du déni. Quand la personne se tourne vers ce côté, c'est le refus qui domine, suivi, en général, par les regrets, l'apitoiement sur soi et les explications interminables. Ou le coup porté par la vie tombe sur le côté de la colère et la personne se tourne vers son côté brûlant. Elle bout de ressentiment. La haine et le sentiment d'avoir été trahie se transforment en arrogants projets de vengeance. Cependant, ces deux tristes côtés ont une chose en commun: ils font de la personne une victime qui se tourne en vain d'un côté et de l'autre pour découvrir que rien ne change, hormis le type de douleur qu'elle y trouve.»

Il existe toutefois une troisième issue, un choix supérieur qui mène à un niveau de vie plus élevé où il n'existe ni confusion, ni conflit, ni crise. J'ai appelé cette orientation supérieure «décision d'apprendre».

— Je dois avouer qu'il y a des moments où je suis accablé par mes problèmes personnels. J'aimerais apprendre une nouvelle façon d'affronter ces crises et d'avoir confiance que tout tournera en ma faveur. Qu'entendez-vous au juste par «décision d'apprendre»? Que dois-je faire?

— Décider d'apprendre, c'est d'abord reconnaître sincèrement que notre approche actuelle devant nos problèmes est inefficace.

— Ma foi, ce n'est pas très difficile à reconnaître, mais que gagnerai-je à concéder que je me trouve dans une impasse?

— Cela vous surprendra peut-être, mais pour apprendre à vivre sans problèmes récurrents, il faut d'abord cesser de faire confiance à nos réactions habituelles qui nous disent comment nous en libérer.

— Comment la perte de confiance en moi-même peut-elle être considérée comme un gain nécessaire? J'ai besoin de faire davantage confiance, pas moins!

— Ce n'est pas parce que vous ne faites plus confiance à vos réactions échauffées que vous devez vous dénigrer, de même que vous ne vous traiteriez pas de poltron si vous vous écartiez du passage d'un camion fou.

— Oui, mais qu'est-ce que s'écarter d'un camion a à voir avec le fait de ne plus me fier à mes réactions? Je croyais que nous cherchions une façon supérieure d'affronter nos crises personnelles?

— C'est ce que nous faisons! Regardons d'un peu plus près. Nous cédons le passage au camion fou parce que nous savons fort bien que c'est une machine dénuée d'intelligence. Nous comprenons qu'elle ne peut reconnaître le danger que représente sa nature non dirigée. Maintenant, suivez-moi bien. Nous devons apprendre à laisser nos réactions habituelles nous dépasser parce que, à l'instar du camion fou, elles sont mécaniques. Or comme nous savons que les *machines ne peuvent pas apprendre,* cela signifie que *nous n'apprendrons jamais ce qui est vraiment nécessaire à notre libération* tant que nous laisserons nos réactions nous guider.

— Je n'avais jamais pensé que mes réactions pouvaient m'empêcher de grandir. Par quoi les remplacer? Si je ne réagis pas à mes problèmes à mesure qu'ils surgissent, que dois-je faire dans les moments de crise?

— Ne voyez-vous pas? *Vous apprendrez!* Apprendre signifie *découvrir.* Maintenant apprenez ceci: les réactions ne révèlent jamais rien, elles masquent plutôt. Quand vous demeurez sous l'emprise d'une réaction, vous limitez vos choix à la seule direction que *cette réaction vous indique.* Le point clé est le suivant: aucune orientation donnée par une réaction ne peut vous mener plus haut que le niveau de cette réaction. Si ces réactions mécaniques étaient aussi savantes qu'elles le prétendent, nous ne reproduirions pas les modèles de comportement qui nous entraînent toujours dans les mêmes problèmes. Cela devrait être clair. Nos réactions mécaniques sont à la base de nos problèmes continuels et *non une solution à ces problèmes.*

— Vous avez sans doute raison, mais certaines choses m'inquiètent. Que faire si ce qui est exigé de moi dans un moment de crise est plus que ce que je peux affronter? Qu'arrivera-t-il si je laisse aller mes réactions habituelles et suis incapable d'apprendre ce que je dois faire?

— Ne pensez plus à cette fausse inquiétude de l'esprit du moi. *Vous apprendrez.* Tout le processus de libération de soi-même par le biais d'un apprentissage supérieur est régi par des lois spirituelles précises. Se détourner des réactions mécaniques de l'esprit du moi équivaut à se tourner dans la direction du libre esprit. Vous

verrez que votre vraie nature est un terrain d'apprentissage interminable, une possibilité infinie de découverte de soi-même.

Le poète et théologien suisse Johann Lavater, l'un des pion-
niers de la physiognomonie, connaissait très bien les étonnants
pouvoirs de la décision d'apprendre. «Celui qui cherche toujours
plus de lumière et, de ce fait même, en trouve de plus en plus, est
l'un des rares heureux mortels qui donnent et reçoivent à chaque
moment. Le flux et le reflux du don et de la réception représentent la somme du bonheur humain. Seul y goûte et le trouve celui
qui cherche toujours à améliorer ses connaissances.»

Un dernier mot sur ce sujet crucial. Nous connaissons tous
un grand nombre d'hommes et de femmes qui croient déjà tout
savoir. Ils ne voient pas qu'ils courent un grand danger spirituel,
mais nous devons être plus avisés. Une fausse certitude par rapport
à soi-même est une forme invisible de stagnation.

Tout ce qu'il faut dire au sujet de ces personnes malheureuses
se trouve résumé dans une question simple, mais incisive, que l'auteur Vernon Howard posa un jour à ses étudiants: «Si vous en *savez*
autant, pourquoi souffrez-vous ainsi?»

Certes, ces questions directes que l'on se pose honnêtement
constituent un ultime outil de guérison. Avant de le rejeter arbi-
trairement, de le mettre de côté ou de le considérer comme négatif, voyons pourquoi il est sage de s'interroger d'une manière aussi
inflexible.

Lorsque nous demandons la vérité sur notre condition intérieure secrète dans les moments propices, la fausse certitude créée
par nos fortes réactions s'estompe pour faire place à une incertitude temporaire, *mais nécessaire*. Cette incertitude consciente crée,
de par sa nature unique, un état conscient de réceptivité, comme
si nous ouvrions une fenêtre spéciale pour laisser entrer la brise
rafraîchissante de l'apprentissage. La *vraie certitude* se déplace sur
les ailes de ce vent caressant. Accueillez-la à bras ouverts.

ONZE LOIS POUR VOUS ÉLEVER JUSQU'AU NIVEAU DE VIE SUIVANT

Pour nous élever au-dessus de nous-mêmes, nous devons
considérer que ce que nous croyons savoir sur la liberté peut être

la cause de notre captivité psychique. Un peu de logique donne lieu à une grande découverte:

1. Nous *agissons* en fonction de ce que nous *savons*.

2. Nous *subissons les conséquences* de nos *actes*.

3. Par conséquent, ce que la vie nous *donne* à chaque instant est un *reflet direct* de notre degré de compréhension du moment.

Vue sous un angle légèrement différent, voici la même idée présentée de façon plus précise: *tout ce qui nous retient au niveau inférieur est ce que nous ignorons encore sur nous-mêmes.* Ceci explique pourquoi notre capacité d'apprendre la vérité sur nous-mêmes et de mieux nous comprendre nous donne le pouvoir de hausser notre niveau de vie.

Pour grandir et nous libérer des liens qui nous retiennent, nous devons trouver de nouvelles façons d'apprendre la vérité sur nous-mêmes et sur notre vie, une vérité non contaminée par l'esprit du moi. Ces découvertes supérieures exigent un apprentissage supérieur. Si cela vous aide, considérez cette partie importante de votre éducation intérieure comme une façon de mieux comprendre ce qui vous empêche d'apprendre.

Considérez chacune des onze lois ci-dessous comme les fils magiques d'un tapis volant. Essayez de les tisser ensemble dans votre esprit, puis observez comment ces leçons s'associent pour vous porter sans effort jusqu'à un niveau de vie supérieur et plus heureux.

Première loi

Rien ne peut vous empêcher de recommencer à neuf.

Votre plus grand pouvoir de réussite tient à votre compréhension du fait que la vie vous donne la possibilité de recommencer à neuf chaque fois que vous le désirez. Rien de ce qui vous faisait obstacle même une seconde auparavant n'occupe désormais la même position. Tout est *nouveau*, même si vous ne le voyez pas encore. Il vous suffit de confirmer la réalité de ceci pour découvrir l'incroyable liberté qui vous attend tout près. Rien ne pourra alors vous arrêter. Vous détiendrez le vrai secret et le parfait pouvoir de recommencer à neuf.

Deuxième loi

N'ayez pas peur de voir que quelque chose ne marche pas.

Développez votre sensibilité et apprenez à écouter les signaux intérieurs qui vous indiquent que quelque chose ne marche pas. Vous connaissez ces signaux: la frustration et le ressentiment, pour n'en nommer que deux. La présence de ces troubles émotifs ne dit pas que vous *ne pouvez pas* réussir; elle indique seulement que la voie que vous vous entêtez à prendre ne vous mène pas là où vous voulez. Apprendre à reconnaître que quelque chose ne marche pas, c'est comme s'enseigner ce qui marchera.

Troisième loi

Si les choses ne coulent pas, vous avez plus à apprendre.

Apprenez à reconnaître que toute contrainte, que ce soit au travail, dans vos efforts créatifs ou dans vos relations, est *inutile*. La tension que vous sentez monter en vous pendant que vous exécutez un travail quelconque n'est jamais causée par la tâche comme telle, mais par ce que vous *ignorez encore* à son sujet. Cela signifie que la seule vraie cause de votre stress réside dans le fait que vous nourrissez une idée fausse que vous ne voyez pas encore comme telle. Cette découverte vous libère en vous montrant ce que vous devez savoir. Les choses se remettent à couler dès que vous avez *appris du nouveau*.

Quatrième loi

N'empruntez pas la voie facile.

Vous ne pouvez pas échapper à ce que vous ne connaissez pas. Cela explique pourquoi, chaque fois que vous vous sentez obligé de contourner un problème en empruntant la voie facile, ce problème revient toujours. N'est-ce pas ce qui rend la vie aussi difficile? Apprenez à voir la «voie facile» comme une idée fausse qui vous cause une tension et des problèmes. *En finir avec* une tâche n'est pas la *terminer*. À mesure que cette idée s'imposera à vous, vous comprendrez que le principe de la «voie difficile» est également faux. Vous le savez maintenant: *la voie complète est la voie facile*. Donc, acceptez de faire de la «voie difficile» *votre* voie et apprenez ainsi la *vraie* voie facile.

Cinquième loi

Le courant se trouve au-delà de la résistance.

Souvent, nous avons l'impression de ne pas pouvoir progresser dans notre travail ou nos études. Mais nous pouvons apprendre à dépasser nos barrières. Comprenez bien ce qui suit. Les moments où vous vous sentez incapable de vous dépasser *ne* vous disent *pas* que vous êtes rendu au bout du chemin, mais bien que *vous êtes rendu au bout de vos connaissances, pour le moment*. Cette connaissance supérieure de votre véritable position intérieure vous permet de voir la résistance que vous éprouvez pour ce qu'elle est vraiment: un *seuil* et non une porte close. Franchissez ce seuil. Rien ne peut vous arrêter. Le courant se trouve au-delà de la résistance. Apprendre à se dépasser, c'est entrer dans le nouveau.

Sixième loi

Surveillez les occasions d'apprendre du nouveau.

Tout change constamment. Cela signifie que la vie est une occasion incessante d'apprendre du nouveau. Mais il y a plus. De même que vous faites partie du Tout, le Tout fait aussi partie de vous. Tous les éléments de la vie sont interreliés. Votre capacité d'apprendre fait partie du miracle de ce Tout complet mais toujours changeant. L'apprentissage est comme une fenêtre qui non seulement s'ouvre sur le monde complexe qui vous entoure, mais vous permet aussi de regarder votre moi en train de contempler le monde. Lorsque vous aurez compris qu'il n'y a pas de limites à ce que vous pouvez voir des mondes étonnants qui tourbillonnent tant autour qu'à l'intérieur de vous, vous comprendrez aussi que vous n'avez pas de fin. Aussi, restez éveillé. Apprenez du nouveau chaque jour. Vous apprécierez la perception de vous-même que vous en retirerez.

Septième loi

Apprenez à voir les conclusions comme des limitations.

Si vous abordez les possibilités de mieux connaître votre vie comme étant illimitées, ce qu'elles sont en fait, il s'ensuit que toute conclusion que vous tirez sur vous-même est une limite invisible. Pourquoi? Parce qu'il y a toujours plus à voir. Par exemple, comprenez que *toutes les conclusions* promettent une sécurité *illusoire*. Vous trouverez peut-être la sécurité en prison, mais vous n'avez pas de choix derrière ses murs. Apprenez à voir toutes les conclusions sur vous-même comme des cellules invisibles. Car c'est ce qu'elles sont. La sécurité apparente qu'elles offrent est un piètre substitut de la vraie sécurité qui découle de la certitude que ce que l'on est vraiment est déjà libre d'être quelque chose de plus grand.

Huitième loi

N'ayez pas peur d'avoir peur.

La peur ne peut apprendre, ce qui explique pourquoi vous devez apprendre à connaître la peur si vous voulez apprendre sans peur. Tout d'abord, vous devez surmonter votre peur d'avoir peur. Voici comment. La prochaine fois qu'une peur tentera de s'immiscer en vous, tentez de faire la différence entre la *réalité* de votre situation et vos *sentiments* à son égard. Voilà la bonne façon d'utiliser votre esprit. Par exemple, la fluctuation des taux d'intérêt est une réalité, mais la peur qu'elle provoque en vous *n'en est pas une*. Elle n'en devient une que si vous insistez pour que la vie coule dans le sens de ce que vous croyez être votre intérêt. En comprenant que cette peur ne vous appartient pas, mais qu'elle appartient uniquement à *votre façon de penser erronée*, vous cesserez d'avoir peur, même de vos propres peurs.

Neuvième loi

N'acceptez jamais l'échec.

Tant que vous pourrez apprendre, vous n'aurez jamais besoin de vous sentir limité par un échec passé. Voici la vraie réalité: rien ne peut empêcher la personne qui apprend à se connaître de réussir dans la vie, parce que la *sagesse triomphe toujours de l'adversité*. Toutefois, pour accéder à la vraie sagesse, vous devez vous lancer dans une bataille spéciale. S'il existait une bannière pour rallier les adeptes de cette bataille, voici l'inscription que porterait cet appel supérieur aux armes: «Je peux le découvrir!» Oui, vous *pouvez* découvrir ce qui en est. Peut-être ne savez-vous pas pourquoi vous vous sentez aussi seul ou inquiet à certains moments, mais *vous pouvez le découvrir.* Peut-être vous demandez-vous comment vous avez pu être aussi aveugle aux intentions véritables d'une personne mauvaise, mais *vous pouvez le découvrir.* Ces quatre mots sont un cri de liberté. Utilisez-les pour faire échec à ce qui vous fait échec.

Dixième loi

Renoncez à vos prétentions douloureuses.

La plupart des gens appliquent à leurs problèmes l'une des deux non-solutions suivantes: ou ils prétendent que leur problème n'en est pas un, ou ils prétendent qu'ils l'ont résolu en l'étouffant temporairement. Mais ils continuent de souffrir. Vous n'êtes pas obligé de faire la même chose. Vous pouvez renoncer à ces prétentions douloureuses. Voici comment. Lorsque vous vous heurtez à un vieux problème, vous *ne voulez pas* trouver une «nouvelle façon» de l'*affronter,* mais vous voulez plutôt *apprendre du nouveau* sur la vraie nature de ce qui a de l'emprise sur vous. Pour aller loin, commencez tout près. Lorsque vous souffrez, *renoncez à ce que vous croyez savoir.* Agissez envers votre problème comme si vous en ignoriez tout. Cette nouvelle solution est la seule vraie parce qu'au fond, vous *ignorez* quel est le *vrai* problème. Sinon, vous en seriez débarrassé. Renoncer à ce que vous croyez savoir vous permet d'apprendre ce que vous avez besoin de savoir.

Onzième loi

La persévérance s'impose toujours.

Si vous persévérez dans votre désir sincère d'apprendre, vous ne pouvez pas faire autrement que réussir. *La persévérance s'impose toujours* parce qu'elle a, entre autres, le pouvoir de vous maintenir en place jusqu'à ce que le monde comble votre désir ou que vous vous rendiez compte que votre désir est déplacé. Quoi qu'il en soit, vous avez gagné une chose que seule la persévérance permet d'obtenir. Ainsi, si vous obtenez ce qui, selon vous, devrait faire votre bonheur et n'êtes toujours pas heureux, vous saurez *ce que vous ne voulez pas avoir.* Maintenant, vous pouvez passer à une étape supérieure. Si vous constatez, par contre, que vous vous épuisez à nourrir d'inutiles désirs, cette découverte vous permet d'orienter votre énergie dans une nouvelle direction, qui est celle de la *libération de soi-même.*

Maintenant, nous emploierons utilement notre temps en explorant une autre forme d'apprentissage supérieur qui vise à éclairer l'esprit sur l'énergie du cœur. Il faut toujours se rappeler qu'une loi sans amour est comme un guide aveugle.

Une façon sage et gagnante de regarder votre vie

Une légende ancienne raconte l'histoire d'un jeune homme qui voulait à apprendre le tir à l'arc auprès d'un illustre archer, reconnu pour avoir atteint la perfection mentale et dont l'adresse à manier l'arc anglais était sans égale. Tout élève qui désirait entrer à l'école du maître devait être assez avancé pour lancer sa flèche sur le centre minuscule d'une cible fort éloignée.

Or le jeune homme de notre histoire n'avait jamais possédé d'arc. De sorte que quand vint son tour de lancer une flèche afin d'être admis dans cette école d'élite, il rata la cible et fut poliment renvoyé.

Le jeune homme était accablé. Sa famille n'était pas assez fortunée pour lui acheter un arc. Comment dans ce cas s'exercer à cet art? Comment acquérir les aptitudes qu'il voulait si désespérément posséder?

Déçu et se sentant rejeté, il retourna à sa maison dans la montagne. Une nuit où le sommeil le fuyait, il fut frappé par une idée inusitée et se mit aussitôt à sculpter une statue du maître qui l'avait renvoyé. Il s'absorba dans son travail en prêtant attention à chaque détail de la parfaite silhouette de l'archer tenant son arc. Lentement, une image saisissante de réalité émergea du bois.

Certes, tous les villageois trouvaient étrange le comportement du jeune homme. Certains raillaient même sa folie tout haut. Mais peu lui importait. Son cœur savait ce qu'il avait à faire et il n'obéissait qu'à lui.

Pendant les neuf mois suivants, le jeune homme s'assit devant la statue terminée du maître. Il étudia chaque détail de la posture de l'archer, l'endroit où une main tenait l'arc et où l'autre tendait la corde, l'endroit où la hampe de la flèche appuyait contre l'arc et où les doigts du maître alignaient la flèche. Depuis la courbure du dos de la statue de bois jusqu'à la légère inclinaison de la tête, aucun détail n'échappait au regard avide du jeune homme.

Quand le moment fut enfin venu de lancer la flèche qui ouvrirait au jeune homme les portes de l'école du maître, tous les candidats le taquinèrent de nouveau, car ils savaient fort bien qu'il ne possédait même pas d'arc. Comment pouvait-il espérer gagner?

Cette fois, sa flèche se ficha en plein dans le cœur de la cible. Le jeune homme remporta le concours et fut admis à l'école.

Comment ce miracle a-t-il pu se produire? La vérité contenue entre les lignes de cette histoire est une grande leçon du libre esprit.

Dans les mois qui avaient suivi son échec jusqu'au jour de son triomphe, le jeune homme avait passé tout son temps non seulement à étudier chaque détail de la statue qu'il avait sculptée avec soin, mais à apprendre sur son maître ce que des heures d'étude n'auraient pas pu lui enseigner. Chaque jour, en se laissant uniquement guider par son cœur, le jeune homme tentait de voir le monde à travers les yeux de son mentor de bois; afin que, mystérieusement, il en vienne à voir ce que voyait son maître au moment où il lançait sa flèche.

Le jour du concours, les efforts impensables qu'avait déployés le jeune archer firent qu'il toucha la cible. Grâce à la dévotion qu'il portait à l'art de son maître, il finit par posséder l'adresse de celui-ci et mérita le prix que personne ne croyait qu'il pouvait remporter.

Si nous voulons remporter le prix de la libération de nous-mêmes, connaître la vie sans contrainte qui est à des années-lumière du monde de nos pensées ordinaires, nous sommes appelés nous aussi à poser un acte inconcevable.

Pour accéder au royaume supérieur du libre esprit et y vivre, nous devons apprendre à voir notre vie à travers *ses* yeux. Tel le jeune archer de notre histoire, nous devons d'abord nous abandonner à la vision supérieure du libre esprit avant de recevoir ses pouvoirs de perception parfaite. Nous devons *agir* pour être en mesure de *recevoir*. Cette idée devrait vous être familière, et, comme le verrons sous peu, rien n'est plus gratifiant — ni pratique — que cette nouvelle vision.

Examinons comment le regard que porte le libre esprit sur la vie et ses événements diffère de celui de l'esprit du moi.

Laissez derrière vous votre «vie de victime»

Lorsque vous faites face à une souffrance ou à un chagrin, passé, présent ou à venir, la première question que pose l'esprit du moi est la suivante: «Que dois-je faire? À qui puis-je en parler? Quelle est la meilleure façon de régler ce problème? Existe-t-il une solution?» Sous ces récriminations se cache la question préférée de l'esprit du moi, que nous la décelions ou non: «Pourquoi tout cela m'arrive-t-il *à moi?*»

Or toutes ces affreuses questions que nous nous posons pour trouver une échappatoire à notre chagrin *cachent une supposition* qui nous maintient dans l'échec et nous fait tourner en tristes cercles. Nous sommes si souvent aveuglés par cette supposition de l'esprit du moi que, n'eût été l'existence du libre esprit et de ses pouvoirs élevés de perception, nous succomberions complètement à cette subtile trahison. Quelle est donc cette supposition inconsciente que nul d'entre nous ou presque n'arrive à discerner?

L'esprit du moi suppose toujours, de prime abord, que, quelle que soit la souffrance qui vous tourmente dans le moment, elle doit être réelle. Qui plus est, cette supposition cache un faux raisonnement de l'esprit du moi selon lequel cette souffrance *vous appartient* puisqu'elle est logée dans votre cœur.

Même si vous doutez de l'existence d'un niveau de vie plus élevé et plus heureux, ce qui suit ne fait aucun doute: *en vivant au niveau d'un esprit qui suppose automatiquement que votre souffrance est réelle, vous n'avez d'autre choix que de demeurer une victime perpétuelle.* Cette condition de vaincu vous condamne à une vie de tristesse et de ressentiment éternels. Or nous ne sommes pas censés gaspiller ainsi notre vie. Voici une façon nouvelle et supérieure d'envisager ce très vieux problème et de le régler.

La prochaine fois que vous ressentirez de la tristesse ou de l'inquiétude, ralentissez votre rythme et essayez de vous observer calmement.

Votre état volontaire de relaxation consciente, mais alerte, contrastera violemment avec le feu roulant des pensées qui assailliront votre esprit et tenteront d'accaparer votre attention.

Utilisez votre conscience de ce contraste et la conscience de soi accrue que ce conflit intérieur crée naturellement pour demeurer éveillé à ces pensées et à ces sentiments envahissants. Cette conscience soutenue et élevée est essentielle à votre succès. Je m'explique.

Peu importe à quel point votre chagrin ou votre colère peut vous sembler familier quand il vous envahit, laissez votre nouvelle conscience vous aider à écarter consciemment *ce que vous croyez savoir à son sujet.* Ayez l'intention sincère de *voir ce que cette douleur essaie de vous dire sur vous-même.*

L'esprit du moi sait que s'il peut vous amener à croire à son conflit et à sa souffrance, cela veut dire que *les causes de cette souffrance sont réelles.* C'est ici que triomphe l'obscurité. Dans un flot de paroles tacites, il chuchote dans un coin sombre de votre esprit: «Puisque cette souffrance est réelle, ton problème doit être réel, lui aussi.»

Certes, il peut y avoir un problème réel, mais ce problème est rarement ou jamais *ce que nous croyons qu'il est,* ce qui explique pourquoi la victoire que nous attendons depuis si longtemps ne vient jamais. Elle ne peut pas venir, car nous n'avons pas encore affronté notre véritable ennemi. Préparez-vous.

LE BONHEUR DE RENONCER AUX EXIGENCES DOULOUREUSES

Le libre esprit sait que la véritable cause de notre tristesse n'a rien à voir avec la façon dont tournent nos relations ou les événements. Même si nous avons souvent cette impression, nos sombres humeurs ne découlent pas de ce qui se passe réellement à chaque instant, mais naissent après, de la résistance inconsciente à un événement qui va à l'encontre des désirs de l'esprit du moi.

Ainsi, le libre esprit voit clairement que la source de notre souffrance ne tient pas au fait que la vie *ne répond pas* à nos attentes, mais au fait que *nous vivons au niveau d'une nature qui fait face à la vie avec d'innombrables exigences inconscientes.* Contrairement à ce que voudrait nous faire croire l'esprit du moi, ce n'est pas quand nos exigences sont comblées que nous sommes le plus heureux.

On atteint un contentement durable quand on se libère de sa nature exigeante et sous-évoluée. Le libre esprit sait que tout ce qui nous rend malheureux, ce sont *nos idées sur la façon d'être heureux.*

L'esprit du moi ne voit pas cette contradiction parce que sa nature *est* contradiction.

Commencez, dès maintenant, à voir la vie à travers les yeux du libre esprit. Utilisez son sage regard pour discerner toutes les astuces dont se sert l'esprit du moi pour que votre souffrance vous paraisse sensée. *Puis, voyez que la souffrance n'est jamais sensée!*

Appliquez cette nouvelle sagesse aussi souvent que vous le pouvez. Regardez l'ensemble de la vie et toutes ses relations exigeantes avec les yeux peu exigeants du libre esprit. De cette façon, si vous y mettez du vôtre, vous ne pourrez pas faire autrement que de réussir. Un jour, les nouvelles libertés que vous ne pouvez pas manquer de contempler seront vôtres.

Un autre exercice fort profitable consiste à observer comment l'esprit du moi vous incite à fuir votre souffrance. Par exemple, imaginons que la crainte de paraître ridicule vous empêche de prendre la parole dans une réunion. *Prenez-la quand même!* Il est stupide de laisser quelque souffrance que ce soit vous dire qui vous êtes ou ce que vous devriez faire pour ne pas souffrir.

Utilisez la vision supérieure du libre esprit pour voir que la souffrance que l'esprit du moi vous incite à fuir, il l'a lui-même créée en vous suggérant une façon de ne pas courir de risque. Le libre esprit vous invite à être téméraire face à ce qui vous déchire. Apprenez à déceler la tromperie que cache toute supposition selon laquelle il n'existe pas de meilleure solution à votre souffrance que de l'endurer.

N'écoutez jamais une souffrance qui vous demande comment y remédier. Dès l'instant où vous cherchez une solution à sa question tourmentée, *vous tombez sous son emprise et devenez sa victime.*

Pour accéder à un nouveau degré de bonheur et à la liberté accrue qui l'accompagne, faites un effort intérieur particulier. Les dix préceptes ci-dessous, alliés à un puissant exercice permettant de les mettre en pratique, vous aideront à acquérir la force dont vous avez besoin pour atteindre un niveau de vie plus élevé et plus heureux.

1. Votre nouvelle vie commence le jour où vous décidez de laisser la vieille derrière vous.

2. Chaque fois que vous ne choisissez pas votre liberté, vous choisissez une plus grande captivité.

3. Si vous n'observez pas d'une manière consciente et détendue une pensée ou un sentiment qui traverse votre système psychique, vous n'avez pas le choix d'être ou de ne pas *être* cette pensée ou ce sentiment.

4. Vous pouvez vous éveiller au beau milieu d'une pensée qui vous terrorise et voir qu'elle n'*était* que cela: une pensée.

5. La plus grande obscurité du monde devient impuissante, puis disparaît à la lumière d'un apprentissage supérieur.

6. Persévérez dans votre étude du libre esprit, parce que dans son univers, *tout ce que l'on apprend devient une richesse.*

7. Dans la vie, on devient toujours ce que l'on aime.

8. Regardez toujours une situation pénible deux fois et voyez si ce que vous avez vu la première fois n'était pas ce que l'esprit du moi voulait vous faire voir.

9. Toute souffrance psychologique dont votre esprit vous dit qu'il faudra que vous vous y fassiez, provient d'une partie de votre nature inférieure qui vous fait atrocement souffrir.

10. Faites des efforts conscients, persévérants et provocants pour voir la vie à travers les yeux du libre esprit.

LE SECRET DE LA LIBÉRATION ET DE LA DÉTENTE

Quand le médecin frappe votre genou et que celui-ci tressaille, vous n'en voulez pas à votre jambe d'échapper à votre contrôle. Pourquoi? Parce que vous comprenez que cette secousse temporaire est une *réaction physique involontaire.*

Toutefois, comment voyez-vous vos réactions émotionnelles quand elles se mettent à vous secouer? Non seulement elles vous affectent durement, mais une fois qu'elles ont disparu, vous réagissez de façon négative à votre première réaction. Voici comment. vous détendre et vous libérer de ces réactions effrénées qui vous anéantissent. Pour commencer, comprenez que vous n'êtes pas vos réactions, pas plus que l'explosion d'une fusée scintillante n'est le ciel sombre qu'elle illumine temporairement. Pourtant, nous avons vraiment cette impression. Voyons pourquoi.

Les réactions négatives aux événements de la vie sont uniquement des secousses *mécaniques* comme celle qui fait tressauter notre genou. Elles apparaissent dans le présent quand l'esprit du moi dit «je» à la première réaction. Mais c'est à tort que vous vous identifiez à cette réaction et vous pouvez maintenant apprendre cette réalité libératrice.

Chaque fois que vous sentez qu'une réaction s'apprête à vous emporter, *détendez-vous*. Laissez cette réaction se produire en vous *sans y participer*. Ne vous identifiez pas à elle en disant «je».

Cette nouvelle action consciente permet à la réaction de compléter *sa* vie au lieu de vous voler la vôtre. Bientôt, elle disparaîtra et vous serez libre. Aussi, détendez-vous. Et libérez-vous.

Chapitre 5

Éveillez-vous à un nouveau monde sans peur à l'intérieur de vous

Quand nous dormons la nuit, nous n'avons d'autre choix, en présence de cauchemars, que de laisser ces forces non désirées et enfermées dans notre esprit inconscient suivre leur cours. Nous nous réveillons quand le rêve nous paraît insupportable, que dormir devient trop pénible. Une fois nos yeux ouverts, c'est avec un immense soulagement que nous découvrons que nous avions simplement les yeux fermés et que nos problèmes n'étaient pas réels après tout. Nous étions juste enfermés dans le théâtre obscur de notre esprit sans le savoir. Une fois éveillés et conscients de notre vraie condition, qui n'a rien à voir avec les scènes terrifiantes qui se déroulent dans notre esprit, nos peurs s'estompent d'elles-mêmes. Voilà la nature de *l'éveil* et sa douceur.

Même une fois revenus à nous-mêmes, une autre sensation plus vague se distille dans le plaisir de notre conscience de soi nouvellement éveillée, un sentiment insistant que nous n'arrivons pas à secouer. Serions-nous encore endormis? Nous avons raison de penser cela.

L'idée inhabituelle qui veut qu'hommes et femmes vivent dans un état de sommeil psychique n'est nullement nouvelle. Le Christ, Krishnamurti, Platon, Thoreau, Emerson et les autres, ces importants messagers de la vie spirituelle, nous exhortent depuis la nuit des temps à nous éveiller: Homme, réveille-toi! Femme, réveille-toi!

Permettez-moi de prévenir votre question: s'éveiller de quoi? Et s'éveiller à quoi? Pour jeter quelque lumière sur ces idées fondamentales, concentrez toute votre attention sur les questions et réponses révélatrices qui suivent.

— Il y a des moments qui m'apparaissent comme une éternité où j'ai l'impression d'être prisonnier d'un mauvais rêve et de ne pas pouvoir m'éveiller. Le seul problème, c'est que mes yeux *sont ouverts* et que je suis *parfaitement réveillé!* Que se passe-t-il? Peut-on vraiment se réveiller et se libérer de sa vie éveillée?

— Oui, c'est possible. Nous vivons tous des moments effrayants où nous souhaitons sortir du cauchemar de notre vie. Toutefois, aussi rapidement que la pensée que nous pourrions nous trouver dans un état insoupçonné de sommeil psychique nous traverse, nous retombons dans un profond sommeil spirituel et oublions notre découverte.

— Mais pourquoi nous rendormons-nous? Cela n'a pas de sens, surtout si cela signifie subir un autre cauchemar. Que pouvons-nous faire pour demeurer éveillés?

— Tout d'abord, nous devons comprendre notre véritable condition intérieure. Malgré ce que l'esprit du moi voudrait nous faire croire, seules une ou deux parties de notre nature, sur des centaines, s'intéressent à ce que nous restions éveillés. Les autres ne sont à l'aise que lorsque nous dormons! Ces pensées et sentiments ne nous aideront certainement pas à déranger leur sieste! Aussi, notre premier pas vers une vie éveillée consiste à découvrir jusqu'à quel point nous sommes endormis.

— Pourquoi est-ce le premier pas?

— Parce que cette saine découverte stimule notre besoin de nous réveiller. Le vénéré philosophe oriental Lao Tzu disait à ses disciples que leur problème principal tenait au fait qu'ils «vivaient dans un rêve sans savoir qu'ils rêvaient». Comment réveille-t-on une personne qui rêve mais ne soupçonne rien d'inhabituel?

— C'est précisément ce que j'aimerais savoir!

— Demandez à cette personne pourquoi, si elle est aussi éveillée qu'elle le croit, sa vie est encore un lieu aussi obscur et aussi effrayant.

— Je vous comprends très bien. Dernièrement, j'ai eu de plus en plus souvent l'impression que la partie de ma vie qui est un rêve est celle où je me sens bien tandis que ce sont mes frustrations et déceptions récurrentes qui sont réelles. Je sais que je ne suis pas le seul à ressentir cela. C'est pourquoi l'idée d'un soulagement ne m'intéresse plus du tout. Je veux sortir de cet état! Existe-t-il une façon de se réveiller? De se réveiller *vraiment*?

LIBÉREZ-VOUS DU CONFLIT SECRET QUI DÉCOULE DE LA MAÎTRISE DE SES PENSÉES ET DE SES SENTIMENTS

Pour comprendre la vie nouvelle du libre esprit, vous devez d'abord libérer consciemment votre esprit ordinaire, l'esprit du moi.

Ce renoncement supérieur à ce que vous êtes survient naturellement quand vous vous éveillez aux limitations évidentes qu'entraîne le fait de vivre au niveau de ce moi inférieur. Le processus peut se comparer à ceci: un jour, vous vous rendez compte que votre vieux manteau préféré est tellement usé qu'il ne vous tient plus chaud. Bien sûr, vous l'adorez. Mais il n'a d'autre utilité désormais que de vous rappeler des jours meilleurs. Vous devez y renoncer.

— Cette idée de lâcher prise m'apparaît sensée, surtout comme vous la décrivez. Comment puis-je y arriver?

— Le processus interne de distanciation se produit naturellement à mesure que nous devenons conscients de toutes les contradictions invisibles qui caractérisent notre façon de penser. Voici un petit exemple, parmi des milliers, qui éclairera notre lanterne.

À un moment ou un autre de notre vie, nous avons tous rencontré ou été cette personne en colère qui s'en prend à un être cher pour ne s'être pas soucié d'une chose autant qu'il aurait dû le faire, *à notre avis*. Nous évaluons son étourderie selon la signification mentale parfaite que nous attribuons aux mots *se soucier de*. Or *aucune de nos pensées* ne peut voir à quel point nous venons de nous montrer peu soucieux — ou peu aimants — envers nous-mêmes, sans parler de l'être cher. Voir cette contradiction dans notre esprit endormi avec toute son arrogance injustifiée, *c'est aussi* s'éveiller à la naissance d'un monde intérieur exempt de contradiction.

Notre nouvelle vision de nous-mêmes est le réveil dont nous avons besoin pour nous éveiller et le rester.

— J'ai déjà entendu parler d'autres techniques et de disciplines censées aider une personne à rester éveillée. Qu'en pensez-vous?

— Toute tentative en vue de dominer nos pensées et sentiments destructeurs ou de libérer les «meilleures» parties de nous-mêmes grâce à une sorte d'autodiscipline, joue secrètement contre la liberté et non en sa faveur. Nous libérer des liens qui nous retiennent, remporter une victoire sur notre nature, n'est pas une conquête dans le sens habituel du terme. Essayez de comprendre ceci aussi clairement que possible: *tout ce qui doit être gardé sous surveillance garde aussi le surveillant dans ses chaînes*. La personne qui exerce cette forme de contrôle sur elle-même est comme une fusée enflammée mais retenue au sol. Les poussées contraires qu'elle subit finissent par causer une explosion. Nous devons nous libérer de nous-mêmes et non trouver une meilleure façon de vivre en prison. En gardant cela à l'esprit, nous arrivons à cette idée tout à fait nouvelle: ce dont nous avons vraiment besoin, c'est une *distance* par rapport à nos pensées et sentiments très réactifs.

— Voilà une idée assez inusitée, bien qu'à certains moments, la perspective de m'éloigner de moi-même me semble attirante. Lutter avec l'esprit du moi apparaît insensé surtout si cela ne conduit qu'à de nouvelles luttes. Comment, cependant, créer la distance intérieure dont vous parlez? Existe-t-il un truc particulier pour prendre une distance par rapport à soi-même?

— Commencez par en apprendre le plus possible sur votre véritable condition intérieure. Étayez vos découvertes par d'autres recherches. Ces actions vous conduiront à des découvertes supérieures qui vous permettront de hausser le niveau de vos prochaines recherches sur vous-même. Pour commencer, voici un exercice qui vous permettra de travailler avec succès sur la distanciation par rapport à soi-même.

Vous pouvez vous éveiller autant de fois que vous êtes prêt à vous surprendre à faire des rêves éveillés dans lesquels vous tenez la vedette. Cette étonnante découverte prouve que le *seul* pouvoir de vous faire dormir que détient l'esprit du moi dépend de la satisfaction que vous procure votre situation sous les feux de la rampe.

Vous pouvez éprouver des sensations de beaucoup supérieures à ces sensations douces-amères temporaires.

Chaque fois que vous vous surprenez à rêver éveillé, secouez-vous. Annulez toutes les représentations du spectacle; de toute façon, ce ne sont sans doute que des reprises. Votre choix de vous éveiller pleinement et de vivre sans votre moi de rêve est aussi un choix en faveur du libre esprit, le foyer permanent de votre vrai moi. Cet acte conscient vous place directement sous les projecteurs bénéfiques du moment présent.

CLARIFIEZ LA SOURCE DE TOUTE CONFUSION DOULOUREUSE

Imaginez que vous jetez un coup d'œil sur la une du journal du matin et n'y comprenez que dalle! Une manchette contredit l'autre et tous les articles sont entremêlés sans qu'aucun arrive à une conclusion nette. Votre sentiment de frustration grandit tandis que vous vous efforcez de saisir ce qui se passe dans votre univers.

Vous passez donc à la page financière en espérant une lecture plus facile. Pas de veine! Ce que vous y voyez ne fait qu'accentuer votre confusion. La page des affaires est remplie de personnages de bandes dessinées qui présentent leurs rapports sur l'économie. Vous saviez que la situation n'était pas rose, mais cela dépasse les bornes! Que signifie tout cela? Votre cœur bat la chamade.

Soudain, une pensée vous vient à l'esprit. Peut-être que les choses ne sont pas ce qu'elles semblent être. Vous appelez donc au journal, persuadé qu'au milieu de toute cette confusion, vous obtiendrez une explication convenable.

À votre grand soulagement, l'homme amène mais énervé qui vous répond vous signale une défaillance du système informatique qui explique pourquoi toutes les nouvelles sont imprimées sens dessus dessous. Après s'être excusé des inconvénients que cela a pu causer à son lecteur, il affirme qu'un meilleur journal lui sera livré plus tard le même jour. L'affaire est réglée. Tout redevient normal dans votre monde.

La vraie vie, cependant, nous offre rarement des dénouements aussi ordonnés que ceux des romans à énigmes. Notre confusion se dissipe à peu près aussi souvent qu'il pleut en plein soleil. Le désordre est plutôt la règle. Un bref coup d'œil sur ce sujet nous explique pourquoi.

De même que le journal était déroutant parce qu'il avait été imprimé à l'envers, nos pensées et sentiments nous racontent souvent des histoires tellement contradictoires qu'il est impossible de distinguer le vrai du faux. L'incertitude cède alors le pas à la peur. Dans les efforts que nous déployons pour mettre un terme à notre confusion croissante, nous demeurons attachés à des pensées anxieuses qui nous épuisent en nous laissant entendre sans arrêt que leurs divagations sont fondées, sans jamais nous expliquer de quelle façon.

Nos émotions ont même l'air de participer à cette conspiration qui vise à nous plonger dans la confusion. Y a-t-il quelque chose de plus ahurissant que de *savoir* que l'on éprouve tel sentiment envers quelqu'un ou quelque chose pour, l'instant d'après, ressentir tout le contraire?

Chaque fois que se produit ce revirement interne, notre seule certitude est celle de ne rien savoir! Est-ce de l'amour ou de la haine que nous ressentons? Puis, ces mêmes doutes font en sorte que nous recommençons à tourner en rond.

Ce scénario ne vous semble-t-il pas affreusement familier? Il le devrait. Le seul mode de vie que connaisse la majorité des humains confus est une lutte interminable pour tirer au clair une situation qui n'a, au départ, aucun sens. Or quiconque en a assez de passer quotidiennement à travers ces épreuves mentales peut chasser à jamais cette confusion.

UNE JOURNÉE DANS LA VIE ÉTRANGE DE L'ESPRIT DU MOI

L'esprit du moi vit dans un état constant de confusion et de conflit parce qu'il croit que le monde qu'*il imagine* est le seul qui existe. Les problèmes découlant de ce point de vue erroné devraient être évidents, mais voici un faible aperçu de l'immense pression que cette fausse nature doit supporter pour vivre dans un état imaginaire aussi profond.

Imaginez ce que serait votre vie si vous aviez été conditionné à croire que la gravité n'existait pas. Où que vous alliez, vous passeriez votre temps à expliquer, à vous-même et aux autres, pourquoi les choses n'ont pas de poids et flottent dans l'air!

Pensez-y! Tout objet immobile vous effraierait. Pour garder les objets dans les airs, là où, selon votre esprit hypnotisé, ils sont censés se trouver, vous passeriez votre temps à jongler avec un et avec l'autre. Pis encore, vous en voudriez à quiconque tenterait de vous convaincre que l'eau coule vers le bas, même si vous le voyez parfaitement. Votre vie ne serait pas facile, n'est-ce pas? Pourtant, voilà exactement à quoi ressemble une journée dans la vie de l'esprit du moi.

Pour ce raseur, la réalité est une échelle mobile qui bouge constamment afin d'accommoder les innombrables contradictions qui existent entre le monde réel et son monde imaginaire. Et quand celui-ci subit une collision massive avec le monde réel, cet esprit non illuminé trouve un moyen de réécrire toute l'histoire depuis le début. Quelle que soit la forme de l'événement inattendu ou désagréable, l'esprit du moi le recrée jusqu'à ce qu'il prenne une forme agréable qui se fonde dans le paysage de son monde imaginaire. C'est grâce à ce cycle éternel de collisions et de reconstructions que l'esprit du moi se convainc que tout va bien et qu'il maîtrise la situation.

Vernon Howard nous donne un exemple afin d'illustrer cette séquence psychologique peu naturelle. Imaginez un archer qui lance d'abord sa flèche, puis court dessiner un cercle autour de l'endroit où elle tombe! Voilà le fonctionnement classique de l'esprit du moi. En réorganisant avec ruse la réalité en fonction de son besoin conditionné du moment, cette nature inconsciente croit la maîtriser. Mais ce n'est pas le cas. La confusion et la peur gouvernent le niveau de vie où l'esprit du moi est roi.

FAITES APPEL À LA PRÉSENCE PROTECTRICE DU LIBRE ESPRIT

Le libre esprit n'est jamais confus ni dépassé par les événements. L'imprévu ne peut pas bouleverser l'ordre cosmique, pas plus que la tombée de la nuit ne perturbe la lumière du jour. Pourquoi? Parce que la nature de ce moi suprême et le flot des événements de la vie ne font qu'un. C'est grâce à cette unité particulière que le libre esprit peut *savoir* ce qui fait naturellement partie de lui et ce qui n'en fait pas partie: il *sait* ce qui lui appartient et ce qui ne lui appartient pas. Nous comprendrons mieux la vérité de cette réalité céleste en examinant un exemple qui nous touche tous.

Chacun de nous peut identifier sans effort ce qui «lui appartient». En ce qui concerne nos biens ou nos idées, nous savons ce qui est à nous et ce qui ne l'est pas. Nul besoin de réfléchir à ce sujet.

Cette même capacité se retrouve chez le libre esprit, mais à un niveau plus élevé. Son intelligence éternelle détecte tout élément qui n'appartient pas à son essence pure. Cet ordre supérieur *existe réellement.* Si sa présence est subtile, on peut quand même la percevoir quand on sait où regarder.

Ainsi, la plupart des gens, même s'ils ne connaissent pas très bien la musique, peuvent reconnaître une fausse note. En chacun de nous ou presque existe une partie qui *sait* qu'une note est fausse. Bref, même si nous ne comprenons pas la nature complexe de l'harmonie musicale, *une partie de nous-mêmes reconnaît instantanément ce qui n'est pas harmonieux.*

Cela nous dit que l'harmonie, soit l'expression d'un ordre musical parfait, *est déjà* présente à l'intérieur de nous. Cette importante découverte annonce la possibilité d'un potentiel encore plus grand: un monde intérieur où ne règnent ni confusion ni conflit. Une étude plus poussée nous montrera comment accéder à ce niveau de vie supérieur qui attend seulement que nous en prenions conscience.

Chaque fois que nous entrons dans une pièce où les gens sont en colère ou anxieux, même si l'état négatif prédominant demeure invisible pour l'instant, nous détectons des vibrations désagréables dans l'atmosphère. L'ordre plus élevé qui nous habite sent aussitôt le manque d'harmonie et sa présence punitive, et les refuse.

Cette sécurité spirituelle facile n'existe qu'en autant que nous puissions «entendre» cette partie silencieuse de notre nature supérieure qu'est le libre esprit. Celui-ci sait — *et ce savoir devient aussi le nôtre* — que les vibrations négatives de la pièce ne font pas partie de sa nature. *Cette conscience est notre protection,* car tant que nous demeurons conscients du fait que la discorde ne fait pas partie de nous-mêmes, nous ne tombons pas au niveau des gens qui nous entourent. Cet effet bénéfique pour nous provoque également un choc sain chez toute personne présente dans la pièce qui est assez consciente pour remarquer que nous ne participons pas à l'obscurité ambiante. Notre conscience éclaire la sienne. Désormais, elle a une chance de changer.

METTEZ VOTRE VIE PARFAITEMENT EN ORDRE

Le libre esprit est un système d'alarme parfait qui permet de détecter et, si vous l'aidez, de repousser tout intrus psychique. Son intelligence exceptionnelle ne se soumet jamais à la présence ni aux exigences d'un état négatif extrême.

L'esprit du moi, quant à lui, essaie toujours de trouver un sens à la souffrance. Il trouve un soulagement dans la création de nouvelles façons d'ordonner de vieilles souffrances. Il appelle cette activité inconsciente «clarifier la confusion».

Mais l'esprit du moi ne peut pas clarifier la confusion. Comment le pourrait-il puisqu'il *en est la source*. Comment cette nature inférieure peut-elle jamais décider que le chagrin est l'un des liens qui nous retiennent tant qu'il s'accroche à la tristesse comme à une partie importante de lui-même? L'ordre navrant créé par l'esprit du moi englobe aussi la peur, le doute et la colère; comment peut-il alors se libérer des états négatifs? *Il ne le peut pas, mais vous pouvez vous libérer de lui.* Voici comment commencer.

Dressez la liste des choses qui, vous le sentez ou le savez, ne sont pas en ordre dans votre vie. Commencez par quelques-uns des sentiments et des pensées qui sont encore une source de confusion pour vous.

Par exemple, vous savez peut-être déjà que la jalousie, l'impatience et la paresse sont trois états qui vont à l'encontre de votre nature et n'appartiennent pas à l'ordre de votre vie. Vous pouvez, si vous le désirez, suivre la formule que j'ai conçue pour cet exercice intérieur.

1. Les pensées coléreuses qui me poussent à faire du mal aux personnes qui m'ont blessé *ne font pas partie de l'ordre de ma vie.* **Aucune colère ne m'appartient.**

2. La peur que provoque en moi une autre personne *ne fait pas partie de l'ordre de ma vie*. **Aucune peur ne m'appartient.**

3. Les tremblements nerveux que j'éprouve face à un avenir incertain *ne font pas partie de l'ordre de ma vie*. **Aucun tremblement ne m'appartient.**

4. La confusion et le doute que j'éprouve devant les changements imprévus *ne font pas partie de l'ordre de ma vie*. **Aucune anxiété ne m'appartient.**

Apprenez à cerner et à laisser aller les parties de vous-même qui ne voient pas l'importance de jeter de la lumière sur ces états intérieurs désordonnés. En ayant l'audace de les éclairer, vous éclairerez votre voie. Collaborer consciemment avec cette nouvelle lumière intérieure, c'est inviter le libre esprit à remettre ces états déroutants à leur vraie place *pour vous*.

Le talentueux philosophe suisse Henri Amiel a exploré le libre esprit. Au sujet de son parfait pouvoir de créer une harmonie intérieure, il écrit: «L'être qui atteint l'harmonie, et tout être peut l'atteindre, a trouvé sa place dans l'ordre de l'Univers et représente la pensée divine aussi clairement qu'une fleur ou qu'un système solaire.

«L'harmonie ne cherche rien à l'extérieur d'elle-même. Elle est ce qu'elle doit être; elle est l'expression du droit, de l'ordre et de la vérité; elle est plus grande que le temps, et représente l'éternité.»

SE LIBÉRER DE LA PEUR DE LA SOLITUDE

Aucune peur n'a sa place dans votre vie. Cela ne signifie pas que vous deviez traverser la rue sans regarder, ni fermer les yeux sur les dangers que recèlent certains êtres ou endroits obscurs. Mais cela signifie que si votre vie jusqu'ici n'a pas été exempte de peur, vous n'êtes pas obligé de faire un pas de plus dans la frayeur. Il n'y a aucun doute dans mon esprit que cela est vrai. Vous pouvez en être aussi sûr que moi.

Tout dépend de ce que vous voulez vraiment. Vous voulez cesser de trembler pour de bon? Alors commencez par en avoir assez de trembler, ce qui veut dire: cessez d'obéir à vos tremblements. Vous ne demanderiez pas à un fantôme de vous montrer comment sortir de la maison qu'il hante, alors pourquoi suivre les instructions de la peur sur la façon de cesser de trembler?

Sans plus tarder, ordonnez à ce qui vous effraie d'aller faire cliqueter ses chaînes ailleurs. Peut-être avez-vous peur de rester seul? Seriez-vous étonné d'apprendre que vous ne connaissez peut-être pas la vraie solitude? Et que si vous mettiez vos peurs au défi de vous laisser en paix, vous ne vous sentiriez plus jamais seul? Cela est vrai.

La solitude n'est pas une réalité de la vie plus que la guerre n'est le commencement de la paix. La solitude est une conséquence de la peur. Quand vous cessez d'avoir peur, vous ne craignez plus d'être seul. Suivez les indications ci-dessous, puis prouvez-vous-le à vous-même:

1. La solitude est d'abord une peur avant de se transformer en désir douloureux.

2. Sans la peur, le désir n'existe pas.

3. Quand la douleur du désir disparaît, elle entraîne avec elle le sentiment de solitude.

Se débarrasser de sa peur, c'est perdre du même coup son sentiment de solitude. Aussi, n'hésitez pas et décidez de vous débarrasser des deux. Oui, vous pouvez le faire. Vous pouvez modifier consciemment et à volonté ce qui vous tient compagnie intérieurement, en autant que vous vous prononciez en faveur de votre nature supérieure. Votre refus de craindre toute personne ou circonstance constitue un excellent début.

Vous pensez peut-être: «Comment parer aux sentiments qui me tombent dessus sans crier gare?»

Encore une fois, refusez simplement d'avoir peur. Si vous pensez que ce rejet conscient de la peur signifie que vous devez être brave ou fort, détrompez-vous. Le libre esprit ne vous demande jamais de faire — ni d'être — rien au-delà de votre compréhension du moment. Pourtant, une responsabilité certaine vous incombe.

Afin de pouvoir distiller son courage dans votre vie, le libre esprit vous demande de ne pas vous rabattre sur vos vieilles et faibles excuses quand vous hésitez dans votre quête d'une vie sans peur. Donc, vous avez encore dit «oui» parce que vous aviez peur de dire «non». Ou encore, vous vous étiez dit «plus jamais» et, avant même que les mots ne sortent de votre bouche, vous vous remettez à courir et retombez dans vos mêmes vieux comportements autodestructeurs. Écoutez ce que dit le libre esprit au sujet de l'échec: «Et après? Ressaisis-toi et recommence!»

Quoi qu'il en semble, trembler consciemment et faire des faux pas sont les premières étapes de votre victoire sur la peur. Même si cela peut vous paraître difficile pendant un certain temps, n'acceptez aucune de vos vieilles excuses pour justifier ces fautes nécessaires.

1. Refusez de blâmer la façon dont tourne le monde pour vos actions inquiètes ou désespérées.

2. Ne justifiez jamais plus les choix que vous faites à l'encontre de vous-même, celui, par exemple, de lécher les bottes de quelqu'un pour obtenir un avantage imaginaire.

3. Désavouez toute pensée ou tout sentiment qui vous oblige à expliquer pourquoi vous avez raison quand vous savez pertinemment que vous avez tort.

Assez dit? Bien. Alors plus d'excuses!

Pourquoi prendre des mesures aussi draconiennes avec nous-mêmes alors que nous sommes contre la *peur*? Pour commencer, il est utile de voir que toute excuse qui nous sert à étouffer une action craintive renferme le germe secret d'une autre peur. Or, qui voudrait semer un champ de peurs? En outre, il devrait être clair que seule une autre peur peut chercher une bonne raison d'avoir peur!

Nous avons une raison spirituelle beaucoup plus profonde de renforcer délibérément notre résolution de cesser d'avoir peur. Voici deux affirmations étonnantes, quoique parfaitement vraies. Examinez chacune d'elles attentivement.

1. Plus vous serez déterminé à vivre sans peur, plus vous verrez clairement à quel point vous avez peur.

Vous secouez sans doute la tête en vous demandant pourquoi on voudrait connaître l'étendue de sa propre peur. Quel avantage peut-on tirer de cette sorte de découverte sur soi? Ces questions préparent le terrain de notre seconde leçon déconcertante.

2. De même que l'amour de la liberté qui court dans nos veines ne pourrait jamais vivre sous la tyrannie d'un dictateur, le libre esprit refuse de tolérer la présence de toute peur qui assujettit l'esprit.

SOYEZ PLUS FORT QUE N'IMPORTE QUEL TYRAN INTÉRIEUR

La peur commence à perdre de son pouvoir quand vous prenez conscience de sa présence. Ce niveau supérieur de conscience de soi engendre une qualité aussi mystérieuse que grandiose: *l'intolérance spirituelle face à la peur*. Ce mépris profond et indéfectible nous est donné avant les pouvoirs dont nous avons besoin pour nous libérer de la peur. L'arrivée de cette force suprême, qui conduit finalement à une libération de soi durable, est l'un des grands mystères qui entourent le libre esprit. L'histoire suivante illustre les pouvoirs victorieux que nous invoquons quand nous prenons position contre la peur.

Un jour, je vis un excellent western dans lequel le bon shérif d'une petite ville frontière avait renoncé à se faire aider des habitants, des lâches qui refusaient de se battre contre une bande de tyrans qui avaient corrompu tout le territoire. Effrayé et vaincu par les événements qui semblaient dépasser ses pouvoirs, le shérif s'était mis à boire pour se cacher de ses propres peurs. La vie était lamentable. Nul ne pouvait plus vivre en paix.

Dans cette même ville perturbée vivait un étranger tranquille, qui ne possédait pas de fusil et ignorait même tout de son utilisation. Vint un jour fatidique où, malgré le mépris profond qu'il nourrissait pour la confrontation, l'étranger sut qu'il ne pouvait plus se cacher. Sa vie était devenue intolérable et il comprit qu'il se haïrait s'il devait passer le reste de sa vie dans la terreur.

C'est pourquoi, même s'il fut incapable d'obtenir l'appui du shérif, de même que celui des habitants, il invita les méchants à descendre dans la rue et à se mesurer à lui. Les scènes subséquentes du film sont formidables. Étudions-les afin de voir les principes secrets qu'elles renferment et comment ceux-ci peuvent nous aider à remporter notre bataille contre la peur.

Au moment précis où l'infortuné étranger va être cruellement abattu, un événement incroyable se produit. Soudain des coups de feu résonnent autour de lui et une pluie de balles s'abat sur les gangsters. L'étranger est sauvé et les méchants sont vaincus une fois pour toutes au cours de cette épreuve de force qui se déroule en plein jour. C'est la fin de leur règne de terreur. Que s'est-il passé? Comment le bien a-t-il triomphé cette journée-là? Voici l'histoire dans les coulisses.

Galvanisés par le courage manifesté par l'étranger alors que tout était contre lui, le shérif et les habitants changèrent d'avis. En venant à son secours, ils lui conférèrent des pouvoirs dont il était dépourvu, mais dont il avait besoin pour remporter cette lutte contre le mal. Un heureux dénouement, sans nul doute. Cette histoire inspirante qui se déroule à l'époque de la colonisation de l'Ouest révèle aussi comment le libre esprit peut bouter le tyran de la peur hors de notre vie.

Quand vous n'en pourrez plus d'être bousculé par des peurs qui ne vous laissent jamais tranquille, mettez-les au défi de se montrer à vous. Invitez-les, comme le fit l'étranger, à se montrer au grand jour. Tant pis si cela vous fait trembler. Ces tremblements, et tous les autres, seront vaincus en même temps que les méchants intérieurs par les forces amicales mais puissantes du libre esprit.

Votre refus conscient d'accepter la peur dans votre vie est un appel que vous lancez au libre esprit pour qu'il vous appuie. Dans cette épreuve de force, il y a longtemps que l'issue de la bataille est déterminée. La peur a perdu la partie. Vous gagnez. Le libre esprit vous invite à expérimenter cette victoire pour vous-même.

Voir ses peurs sous un jour différent, c'est apprendre à se comporter différemment à leur égard. Utilisez les dix vérités ci-dessous pour chasser la peur de vos pensées. Des actions supérieures suivront.

1. Quand vous découvrez la partie de vous-même qui aspire davantage à se libérer de la peur qu'à *la liberté que promet la peur,* vous marquez le début de la fin de la peur.

2. Une conscience éveillée ne craint jamais de perdre le contrôle parce qu'elle ne se trahit jamais.

3. Vous commencez à vous éveiller quand vous vous rendez compte que vous êtes profondément endormi au plan spirituel.

4. Rejetez tout état intérieur craintif en vous secouant pour vous éveiller du rêve que vous avez créé et qui produit cette peur.

5. La seule chose qui peut vraiment effrayer vos peurs est votre décision consciente de n'être personne.

6. Rien dans votre vie ne peut être plus complet que *vous.*

7. Votre conscience de toute peur doit précéder votre libération de cette peur; voilà le seul ordre véritable sur lequel la libération de soi-même est fondée.

8. Aucune pensée punitive ni sentiment de solitude ne vous appartient, aussi commencez à voir leur présence comme l'intrusion irréelle et grossière qu'elle est.

9. Ne craignez pas d'ordonner à ce qui vous effraie de sortir de votre vie.

10. S'éveiller au pouvoir du libre esprit, c'est s'éveiller à tout ce qu'on est *censé être.*

INTERROMPEZ VOTRE JOURNÉE ET VOYEZ COMMENT ELLE SE TRANSFORME

Vous n'avez pas besoin de *croire* à l'existence d'un monde sans peur au-dessus de votre esprit actuel. Vous pouvez vivre au sein de son ordre parfait quand vous le voulez. Opérez sans plus tarder ce choix en faveur de la liberté.

Exercez-vous à cesser de penser. Faites le silence dans votre esprit. Prenez simplement conscience de vous-même sans réfléchir. Pénétrez dans votre essaim de pensées et de sentiments, encore et encore, en étant *conscient* de leur présence. Vous les réduirez au silence *et* saurez où vous étiez.

La pratique primordiale de la vigilance consciente vous permet de *savoir à chaque instant* qu'il y a *vous et* vos pensées, *vous et* vos émotions. *Tout* cela est présent *simultanément*. Cette connaissance vous permet de choisir.

Interrompre consciemment vos pensées, devenir conscient de vous-même au sein de l'ordre et des valeurs que ces pensées vous imposent inconsciemment, vous aide à sentir la différence entre être prisonnier de votre machinerie mentale et en être le maître.

Éveillez-vous à vous-même aussi souvent que possible. Interrompez vos pensées en étant conscient de ces pensées. Faites-le dix fois par jour, puis cent fois et continuez. Observez comment ce puissant exercice crée dans votre vie un nouvel ordre exempt de conflit et de confusion.

Chapitre 6

Être maître de sa vie: le secret

Il existe une souffrance que nous ne connaissons que trop bien. Chaque fois qu'elle apparaît inopinément, nous constatons avec une lucidité accrue qu'elle est toujours présente dans notre vie. Elle nous est aussi familière que cela. Toutefois, elle disparaît aussi rapidement qu'elle est venue, ce qui nous porte à croire soit que nous l'avons surmontée, soit qu'elle est disparue. Mais nous avons tort sur les deux plans.

Qui est cette sombre visiteuse qui possède à la fois la clé permanente de notre maison intérieure et le pouvoir de nous punir à volonté? *Notre constant besoin d'approbation.*

Rares sont les moments de notre vie où ce désir pressant d'être désiré ne compromet pas nos intérêts. Croyez-moi, personne ou presque n'y échappe.

Depuis la personne qui aspire à ressembler à telle autre dont, à son avis, le vernis d'assurance polie commande l'approbation jusqu'à cette personne qu'elle envie et qui, en secret, fait tout pour paraître sûre d'elle afin de gagner cette même approbation; *aucune* ne connaît la paix qu'elle recherche ou prétend posséder.

Un aperçu croissant de cette vérité fondamentale concernant l'aridité de la nature humaine non éveillée est un ingrédient essentiel de notre quête de liberté. Ce secret rarement perçu porte en lui la révélation nécessaire, mais stupéfiante, que nul être humain, homme ou femme, ne possède ce qu'il veut vraiment.

SOYEZ PLUS FORT QUE LE MOI QUI RECHERCHE L'APPROBATION DES AUTRES

Dans mon livre intitulé *Lâcher prise,* je raconte l'histoire d'Alexandra, une jeune cadre brillante qui espérait se hisser au sommet de la hiérarchie de la prestigieuse société qui l'employait.

Un soir, Alexandra reçoit le choc de sa vie au cours d'une réception qui réunit le gratin du monde des affaires. Elle découvre par hasard qu'aucun de ses supérieurs, ni même le président de la société, ne détient vraiment le pouvoir de l'aider à réaliser son rêve. Elle se rend brusquement compte que le sentiment de réalisation auquel elle aspire, *elle devra le trouver à l'intérieur d'elle-même* ou y renoncer carrément.

Cependant, aussi décourageantes que soient ces révélations, ce sont les événements de cette soirée qui finissent par la réveiller et par la lancer sur une voie au bout de laquelle elle pourra enfin dominer sa vie. En effet, Alexandra constata, comme nous devons le voir maintenant pour nous-mêmes, qu'aucun de ses supérieurs ne détenait les pouvoirs qu'elle leur prêtait, pas plus qu'elle n'éprouvait un besoin *réel* d'exercer le pouvoir de la façon dont elle avait toujours cru devoir l'exercer.

Il est temps que nous sortions de l'illusion pénible qu'une personne peut posséder ou, d'une certaine façon, nous conférer le pouvoir dont nous avons besoin pour nous posséder nous-mêmes. Examinons les faits qui nous mèneront à la libération intérieure.

Nul être humain n'est puissant en soi. Je le sais et vous pouvez, vous aussi, en prendre conscience. Ce que nous prenons toujours à tort pour du pouvoir chez une personne n'est que la croyance fausse et accablante qu'elle possède les clés de notre bonheur.

Personne ne possède les clés de votre vie. Lorsque vous vous éveillerez à cette réalité, votre nouvelle compréhension transformera aussi votre vision de votre entourage.

Vous verrez des personnes que vous croyiez puissantes comme des simulateurs *qui ont besoin de vous* pour faire leur cirque! Quelle surprise merveilleuse et libératrice! Cette découverte particulière donne naissance à la première de nombreuses forces intérieures nouvelles. Examinons de plus près trois de ces nouveaux pouvoirs ainsi que les principes qui les dynamisent.

1. **Le pouvoir de la maîtrise de soi**

   Vous manifesterez naturellement un courage désinvolte lorsque vous prendrez conscience que les personnes vers lesquelles vous vous tournez toujours pour avoir de l'aide ne peuvent même pas s'aider elles-mêmes. Vous saurez désormais que vous n'avez aucun avantage à vous trahir pour les autres ou pour leurs vaines promesses.

2. **Le pouvoir du soulagement**

   Dès que vous comprenez clairement que personne ne peut faire pour vous ce que seul vous pouvez faire pour vous-même, vous n'êtes plus obligé de vivre dans la peur inquiète que la personne sur laquelle vous comptiez vous laisse tomber.

3. **Le pouvoir de la confiance détendue**

   Puisque vous savez que vous n'avez pas véritablement intérêt à attirer l'attention de votre entourage, vous pouvez vous détendre en compagnie des personnes tendues qui sont toujours engagées dans une compétition pour obtenir cette attention.

Personne ne peut nous donner l'approbation que nous cherchons parce que personne ne la possède. Plus nous comprendrons la vérité de cette réalité supérieure, moins nous serons enclins à nous trahir.

Rechercher et recevoir l'approbation des autres, c'est comme s'asseoir devant un repas imaginaire quand on est affamé. On peut manger à sa faim, mais peu importe la quantité de mets imaginaires que l'on nous présente, on n'est jamais repu. Aucun festin fictif ne pourra jamais nous satisfaire.

Cela n'est pas aussi évident en ce qui touche notre faim d'approbation. Nous nous tournons encore vers les autres pour trouver notre sens du soi même *s'il doit être renouvelé dès l'instant où nous l'obtenons.*

Croire qu'on ne peut être heureux sans l'approbation des autres, c'est comme penser qu'on ne peut voir la beauté sans les yeux de quelqu'un d'autre!

Nous nous heurtons sans cesse à la même leçon spirituelle: personne ne peut nous donner ce qui n'existe qu'à l'intérieur de nous-mêmes. Mais il ne suffit pas de sentir cette vérité éternelle, nous devons aussi la comprendre. À nous d'effectuer le travail intérieur nécessaire qui seul nous donnera les commandes de notre vie.

Le dialogue qui suit est une version condensée de nombreux entretiens que j'ai eus au fil des ans avec des personnes qui cherchaient sincèrement à se libérer. Laissez les idées qu'il met en valeur vous fournir les principes et pouvoirs dont vous avez besoin pour vous posséder vous-même.

N'AYEZ PLUS PEUR DE N'ÊTRE «PERSONNE»

— Je suis persuadé que c'est une erreur de se tourner vers une autre personne pour trouver un sens du soi. Mais je ne comprends pas pourquoi ce besoin d'approbation est si profond et si fort. J'ai entendu bon nombre de théories, mais j'aimerais vraiment comprendre comment je peux éviter de me trahir.

— Avant de pouvoir dégager les obstacles invisibles qui nous empêchent de nous posséder, nous devons d'abord comprendre leur *vraie nature*. Reconnaître honnêtement notre condition actuelle est un excellent début. Nous cherchons l'approbation des autres parce que tant que nous pensons qu'une personne nous estime, cela nous permet de nous estimer aussi.

— Qu'y a-t-il de mal à cela?

— Regardons cette condition déroutante sous un angle légèrement différent. Voyons si notre tendance à chercher une image de nous-mêmes dans le regard d'autrui nous apparaît aussi agréable lorsque nous formulons notre nouvelle vision sous forme de question: *Que vaut notre sentiment à l'égard de nous-mêmes s'il ne dure que le temps que les autres sont d'accord avec lui?*

— Je vois ce que vous voulez dire. Cette question de la recherche d'approbation est beaucoup plus complexe qu'elle ne semble. Que dois-je savoir d'autre pour me libérer?

— Se chercher dans les yeux des autres nous séquestre sur le plan psychique. La porte se referme sur nous chaque fois que notre estime de soi découle de l'approbation de quelqu'un d'autre.

Examinons l'étrange séquence d'événements psychologiques qui nous enferme dans une prison de notre cru.

Chaque fois qu'une personne nous approuve, nous éprouvons un sentiment agréable. Des émotions silencieuses nous disent que nous sommes bons, désirés ou, d'une certaine façon, importants. Mais le plaisir réel que nous tirons de ce sentiment tient au fait qu'il renforce secrètement *ce que nous voulons ressentir à notre égard,* soit que nous avons assez de valeur pour qu'on se soucie de nous et que notre existence a un sens.

— Qu'y a-t-il de mal à éprouver ces sentiments?

— Si ces émotions positives marquaient le véritable dénouement d'une histoire heureuse, il n'y aurait pas de problème. Seulement, elles ne marquent jamais une fin. *Au moment même où* nous nous identifions inconsciemment au sentiment d'être approuvé, un autre événement se produit au plus profond de notre nature inexplorée.

À mesure que se dissipe l'estime de nous-mêmes qui découle de l'approbation des autres, *ce que font tous les sentiments de ce genre,* nous avons l'impression *de disparaître nous aussi!* Seulement, si nous pouvions voir ce que cache cette impression de retourner à l'obscurité, nous verrions que notre estime de soi n'est pas du tout en train de se dissiper. *Cette émotion autrefois agréable ne fait que subir une transformation psychique qui la métamorphose en son opposé indésirable.*

Donc, le même sentiment qui confirmait notre valeur quelques instants à peine auparavant devient une source de doute, et nous nous interrogeons sur notre importance en tant que personne. Nous nous rongeons les sangs. Peut-être qu'on n'a plus besoin de nous? Peut-être que personne ne nous aime? Tandis que ce processus psychologique invisible et nocif se dirige vers sa conclusion inévitable, *nous commençons à éprouver une forme subtile de peur,* une vague appréhension.

Nous connaissons tous la pression interne désagréable que provoque une anxiété naissante. Elle annonce la venue de l'insécurité et du doute de soi de la même façon que le tonnerre lointain nous signale l'approche d'un orage. Le mouvement de cette première vague de noirceur intérieure comporte un message implicite. Il nous prédit une perte grave si nous n'agissons pas sur-le-champ pour nous consoler.

— Comme c'est vrai! De sorte que nous nous remettons en quête d'approbation! Pas étonnant que nous n'arrivions jamais à sortir de cette histoire de recherche d'approbation. Que pouvons-nous faire? N'existe-t-il aucune porte de sortie?

— Oui, il en existe une. Vous devez agir en fonction de votre savoir tout neuf.

— Que voulez-vous dire? Que dois-je faire?

— Vos nouvelles actions ne se mesureront pas tant en termes de ce que vous ferez qu'en termes de *ce que vous ne ferez pas*. Voici l'essentiel de ce principe formulé en trois points, suivis d'un résumé important qui englobe aussi une directive spéciale et un encouragement.

1. Ne vous tournez plus jamais vers un autre être humain pour obtenir son approbation.

2. Ne léchez plus jamais les bottes d'une personne pour montrer que vous êtes de son côté.

3. Ne souriez plus jamais à une personne capable de vous trahir, dans l'espoir qu'elle s'en abstienne.

Résumé et instruction: Affrontez votre peur de disparaître, *sans rien faire...* et quelque chose disparaîtra. *Mais ce ne sera pas vous.*

La seule chose qui disparaîtra de votre vue sera votre peur de disparaître. Et à sa place apparaîtra devant vos yeux intérieurs le *moi que vous cherchiez* aux mauvais endroits!

Vous commencerez alors réellement à posséder votre vie, à vous posséder vous-même. Seulement cette fois, votre perception de vous-même sera ancrée dans la *réalité. Cela* est la seule approbation dont vous aurez jamais besoin et la *seule* qui ne se dissipera *jamais.*

— J'ai une autre question. Comment peut-il être mal de désirer ou de goûter l'approbation et le respect de mes pairs?

— *Mériter l'approbation et le respect* des autres et le désirer sont deux choses très différentes. Si nous sommes prêts à faire un effort supplémentaire — *à être* ou *faire* ce qui est *vrai,* surtout si cela exige un sacrifice personnel — les autres verront notre sacrifice et leur approbation sera leur réaction spontanée envers l'excellence. Apprécier cette sorte d'approbation est naturel et non restrictif.

Toutefois, si notre désir initial est d'attirer l'attention ou les éloges, alors nous agissons pour les mauvaises raisons et non seulement notre travail n'est pas bien fait, mais il ne suscite pas le respect. On peut mériter l'approbation, mais on ne doit *jamais la rechercher*. L'approbation que nous recherchons fait de nous des débiteurs de nos peurs et de quiconque nous les fait oublier temporairement.

Utilisez les dix énoncés ci-dessous pour vous libérer de la recherche d'approbation. Vos efforts vous lanceront sur la voie de la possession de vous-même. Succès garanti!

1. Tenter de construire une vie sur les sentiments qui vous viennent des autres, c'est comme vouloir naviguer de l'Alaska à Hawaï sur un bateau de glace.

2. Forcez tous les sentiments vides à vous révéler leur vrai contenu.

3. Vous pouvez vous soumettre aux situations pénibles, ou les étudier afin de les supprimer de votre existence.

4. Seule la conscience supérieure du libre esprit, qui *voit* que tous les sentiments sont fugaces, ne craint pas leur disparition.

5. Même l'approbation de cent mille personnes ne peut vous donner le sentiment d'être *réel*.

6. Même dans les moments où vous vous sentez complètement isolé, vous n'êtes jamais aussi seul que l'esprit du moi veut vous le faire croire.

7. Notre principale lacune, quand nos doutes sur nous-mêmes cherchent à attirer notre attention, tient au fait qu'au lieu de

devenir conscients de leur présence, nous devenons leurs prisonniers inconscients.

8. Rechercher la permanence de soi dans le regard des autres, c'est comme tenter de fabriquer un emplâtre avec du vent.

9. Si vous vous sentez à l'écart de la vie, cela est uniquement dû au fait que vous êtes perdu dans une foule de pensées et de sentiments qui vous disent qui vous êtes.

10. Quand vous cesserez de vous chercher et commencerez à vous *voir*, vous trouverez ce que vous avez cherché tout ce temps.

COMPTEZ SUR UNE ENTIÈRE MAÎTRISE DE VOUS-MÊME GRÂCE AU LIBRE ESPRIT

D'innombrables univers tournent en vous et autour de vous à chaque instant de votre vie. Ces univers et leurs forces sont invisibles pour l'esprit ordinaire. Toutefois, que nous les percevions ou non, leurs influences déterminent si notre promenade dans la vie sera agréable ou souffrante.

Ce que peu ont compris, mais vous pouvez le comprendre, c'est que vous pouvez choisir le monde dans lequel vous vivez.

Toutefois, avant de pouvoir opérer les choix manifestement cruciaux qui déterminent la qualité de notre vie, nous devons *d'abord connaître ces choix* et pour cela, nous devons les *voir*. Cette capacité unique de sonder notre univers intérieur et de choisir consciemment la vie que nous voulons parmi la myriade de mondes qui le constitue, est l'un des pouvoirs uniques du libre esprit.

Cette liberté supérieure de choisir nos expériences de vie suscite toujours un vif intérêt dans les discussions qui ont lieu pendant mes cours. Pendant ces rencontres, les étudiants aiment bien examiner les situations réelles de la vie qui les perturbent ou présentent une difficulté, avant de chercher comment la présence du libre esprit peut contribuer à les désamorcer.

Donc, aux fins de la présente étude sur la maîtrise de soi consciente, nous allons créer un café imaginaire que nous remplirons de clients venus déjeuner. Bertrand et Sabine sont les deux principaux protagonistes de notre histoire. Bien qu'ils ne se connaissent pas, ils sont tous deux assis au même comptoir. Ajoutons maintenant une précision essentielle, puis nous enchaînerons avec notre histoire.

Bertrand vit au niveau de *l'esprit du moi* tandis que Sabine voit son univers à partir du *libre esprit*. Voyons ce qui se passe maintenant.

Brusquement, il se produit sur la gauche un tel fracas que Bertrand manque de renverser sa soupe. Il tourne brusquement la tête, fâché de cette intrusion non bienvenue dans ses pensées et dans le plaisir qu'il prend à savourer son repas.

Au même moment, Sabine devient aussitôt vigilante devant la possibilité d'un danger. Voyant que sa sécurité n'est pas vraiment menacée, elle relâche consciemment la tension physique qu'elle a naturellement ressentie.

En moins d'une minute, Bertrand repère l'endroit d'où est venu le bruit et constate que le garçon de table a échappé un plateau rempli de vaisselle. Qui plus est, le gérant du restaurant engueule le pauvre garçon.

Une seconde plus tard, Bertrand éprouve un malaise face à la situation. Il ne saisit pas l'image qui bondit dans son esprit et s'y loge. Le visage rouge de colère du gérant et sa voix haute et dure lui rappellent son ancien entraîneur de base-ball qu'il déteste encore après toutes ces années! Il vilipende mentalement et le gérant du restaurant et l'entraîneur de son enfance depuis longtemps terminée.

Sabine évite de se retourner pour observer l'altercation; elle est envahie par un malaise qu'elle chasse rapidement. Elle comprend que ce malheureux incident *n'a rien à voir avec elle*.

À ce moment-ci, Bertrand veut sortir du café aussi vite qu'il le peut. Il est pressé de fuir la situation désagréable qu'on lui impose, du moins le croit-il. Aussi se lève-t-il pour se diriger vers la caisse, mais dans sa précipitation, il ne voit pas que l'addition a déjà été déposée à côté de son assiette.

Sabine termine elle aussi son repas. Du coin de l'œil, elle voit Bertrand se précipiter vers la caisse. Elle sent que les gestes tendus de celui-ci l'ont rendue un peu anxieuse. C'est pourquoi elle ralentit délibérément son rythme et s'assure une seconde fois qu'elle n'a rien oublié à sa place. Puis, addition en main, elle se dirige vers la caisse et se met en file.

Enfin, c'est le tour de Bertrand. La caissière lui sourit et lui demande son addition. Comprenant que dans sa précipitation il l'a oubliée, Bertrand assure ne pas en avoir reçu. La caissière lui répond poliment qu'il en a certainement reçu une; sa gentillesse embarrasse Bertrand et le met en colère tout à la fois. Il pivote sur ses talons et marche d'un pas indigné jusqu'à sa place. Ayant trouvé son addition, il critique entre ses dents — presque à voix haute — la grossièreté des employés et la médiocrité du service.

Entre-temps, Sabine observe que la personne qui suit Bertrand et la précède est de plus en plus contrariée par le temps que met Bertrand à payer son addition. Elle s'éloigne légèrement de cette personne ainsi que de sa propre réaction à l'égard de l'agitation croissante de celle-ci. À ce moment-là, toutes les personnes de la file se sentent mal à l'aise et irritées. Toutes, sauf Sabine.

Enfin, Bertrand quitte le café. Il est encore dans tous ses états et se demande pourquoi le monde est un endroit aussi inamical et désordonné.

Sabine règle son addition, compte sa monnaie et laisse un petit pourboire. Plus tard cet après-midi-là, elle rentre chez elle pour passer une soirée calme et heureuse. Son bien-être découle du fait de savoir qu'en vivant au niveau du libre esprit, elle est maîtresse de son univers.

Surtout, n'allez pas penser que cette étude de la différence entre l'esprit du moi et le libre esprit est le moindrement exagérée. À l'instar de Sabine, vous aussi pouvez apprendre à vivre dans le bien-être et la maîtrise du libre esprit. Ou vous pouvez être comme ce pauvre Bertrand, qui ne contrôle rien d'autre que l'illusion de contrôler sa propre vie. Voyons ce que nous pouvons apprendre d'autre de notre petite histoire de déjeuner.

L'ÉTONNANTE DIFFÉRENCE ENTRE L'ESPRIT DU MOI ET LE LIBRE ESPRIT

Il devrait être clair que, même si Bertrand et Sabine se trouvent dans le même univers physique, soit celui du café, au même moment et dans les mêmes circonstances extérieures, ils vivent intérieurement dans deux univers totalement différents.

L'univers de Bertrand est un endroit entouré d'autres univers qui semblent heurter le sien à volonté. Ce qui crée le chaos. Par contre, l'univers de Sabine est tout à fait stable.

Ce que Bertrand appelle choix n'est en fait que sa façon d'expliquer ses réactions. Toute action engendrée par une réaction inconsciente ne peut être considérée comme un choix de même qu'une balle de billard ne peut pas dire qu'elle choisit sa direction au début de la partie. Le contrôle des dommages *n'est pas* équivalent au libre arbitre.

Le problème, c'est que Bertrand doit encore découvrir que les seuls mondes avec lesquels il entre en collision *sont ses propres créations.* S'il possédait cette vision supérieure, il ne subirait pas de collisions avec la vie ni de pénibles affrontements. Comme Sabine a appris à le faire grâce à la relation bénéfique qu'elle entretient avec le libre esprit, il pourrait *choisir de se distancier* de ce qui détruit sa vie.

Il peut apprendre, cependant. Il peut commencer avec l'intention minime mais puissante d'apprendre à connaître ce qu'il appelle son univers. Son désir d'apprendre est le pouvoir dont il a besoin pour s'élever au-dessus de lui-même. Depuis ce point de vue supérieur et nouveau, il verra qu'il n'est pas l'univers unique et unifié qu'il a toujours cru être, mais bien de nombreux mondes dont la plupart ne connaissent pas leur existence mutuelle, même après être entrés en collision. Cette découverte stupéfiante du monde fragmenté qu'il appelle lui-même marquera pour Bertrand le début d'une nouvelle vie dans un nouveau monde. Vous aussi pouvez apprendre comment y vivre.

Quiconque est disposé à prendre conscience de la différence entre ces deux niveaux de vie disparates peut effectuer le trajet qui va de l'esprit du moi jusqu'au libre esprit. Un examen attentif de la section suivante vous aidera à comprendre à quel point ces différences sont importantes. Prenez tout le temps qu'il vous faudra pour bien saisir le contraste qui existe entre ces deux niveaux de conscience possibles:

1. L'esprit du moi demande toujours: «Que m'arrivera-t-il?»
    Le **libre esprit** *voit* que cette question est ancrée dans la peur et est trop avisé pour s'effrayer.

2. L'esprit du moi demande toujours: «Que puis-je faire d'autre pour être libre?»
   Le **libre esprit** comprend que la vraie liberté n'est jamais un *échange* contre ceci ou cela, parce que si la liberté *dépendait* de quoi que ce soit, elle ne serait pas vraiment libre.

3. L'esprit du moi demande toujours: «Pourquoi cette personne m'a-t-elle traité ainsi, *moi*?»
   Le **libre esprit** sait que personne ne peut vous faire souffrir sans votre consentement inconscient.

4. L'esprit du moi demande toujours: «À quoi bon essayer?»
   Le **libre esprit** comprend que le seul élément inutile de toute situation difficile sont les pensées négatives qui nous harcèlent pour que nous regardions la vie à travers leurs yeux.

5. L'esprit du moi demande toujours: «Que puis-je faire à propos de ce qui m'est arrivé?»
   Le **libre esprit** sait que le vrai fondement d'un problème ne se situe pas dans ce *qui s'est passé*, mais dans ce que vous permettez qu'il vous arrive à chaque instant.

6. L'esprit du moi demande toujours: «Comment puis-je éviter cette situation qui m'effraie?»
   Le **libre esprit** voit que la souffrance que vous craignez de subir est *celle-là même* que vous craignez.

7. L'esprit du moi demande toujours: «Comment puis-je dissimuler mon erreur?»
   Le **libre esprit** comprend que dissimuler une erreur, c'est s'enchaîner à ses pensées erronées, ce qui ne peut que garantir la répétition de cette erreur.

8. L'esprit du moi demande toujours: «Ne serais-je pas plus heureux ailleurs qu'ici?»
   Le **libre esprit** sait qu'un esprit divisé est *toujours en conflit* et que *le conflit ne connaît rien au bonheur.*

9. L'esprit du moi demande toujours: «Comment puis-je mériter l'approbation des autres?»
Le **libre esprit** met en doute la réalité de tout sentiment qui ne dure que le temps où il est confirmé par les autres.

10. L'esprit du moi demande toujours: «Que me faut-il maintenant pour cesser de m'inquiéter?»
Le **libre esprit** comprend que la véritable sécurité intérieure est l'expression naturelle d'un esprit tranquille.

OPTEZ POUR VOTRE LIBERTÉ

Après avoir examiné attentivement les dix conditions mentales ci-dessus et leur contraste, dressez votre propre liste en utilisant des grandes lignes semblables. Ce travail intérieur est précieux. Plus vous comprendrez clairement que vous avez le choix entre vivre *avec* l'esprit du moi ou *au niveau* du libre esprit, plus ce choix sera facile à opérer et plus vous serez heureux. Choisissez le libre esprit et reprenez les commandes de votre vie.

Afin d'acquérir cette maîtrise de soi nouvelle et consciente, vous devez d'abord apprendre à vous voir d'une manière nouvelle et supérieure. Voici dix principes supplémentaires qui vous permettront de modifier petit à petit votre image de vous-même.

1. Votre vie n'est pas plus déterminée qu'une rivière n'est une route de béton.

2. Dans la vie, ou nous nous commandons à nous-mêmes ou nous *sommes commandés par les autres*.

3. Ne voyez pas les individus comme des êtres puissants; voyez-les comme des êtres en paix avec eux-mêmes ou *sous l'emprise d'un autre pouvoir*.

4. La *peur de ce qui n'est pas familier* est une tentative de l'esprit du moi pour transformer le moment où il affrontera quelque chose de tout à fait nouveau *en un moment qu'il pourra reconnaître*.

5. Chaque fois que vous rencontrez ce qui vous apparaît comme du nouveau, osez le regarder avec un sentiment d'émerveillement et voyez se dissiper vos peurs.

6. Quelle que soit la voie que la liberté exige de vous, elle prendra soin de vous pourvu que vous continuiez à marcher.

7. Les réactions ignorent tout du soulagement.

8. Plus vous comprenez que votre vie englobe *beaucoup plus* que l'expérience actuelle que vous en faites, plus cette conscience contribue à créer une attente consciente qui, en retour, permet que quelque chose de *nouveau* vous apparaisse.

9. Tout apprendre sur la nature mécanique de vos réactions, c'est savoir comment les traiter.

10. Un jour viendra où vous *saurez* que si vous avez *un* problème, c'en est un de trop.

LE SEUL POUVOIR SUPÉRIEUR À TOUT BOULEVERSEMENT INTÉRIEUR

Le libre esprit souhaite que vous possédiez le pouvoir de la maîtrise de soi parfaite. Il suffit que vous sachiez comment solliciter sa force silencieuse pour prendre les commandes de vos journées. Demandez maintenant cette action supérieure et observez les résultats puissants et nouveaux que vous obtiendrez.

La prochaine fois que vous ressentirez le besoin de vous ouvrir à quelqu'un de ce qui vous met mal à l'aise ou vous rend malheureux, *ne le faites pas.* Vous pouvez apprendre à utiliser cette pression pour vous libérer de tous les sentiments négatifs qui vous ballottent. Je m'explique: *trouver un soulagement n'est pas comme trouver une force.*

Ce trouble intérieur, quelle que soit sa nature réactionnaire, n'est pas réel. Il n'est *vraiment rien* mais vous *avez l'impression* qu'il est vous. C'est pourquoi vous ne devez pas lui obéir sinon vous vous réclamerez inconsciemment de sa nature faible et contraire à la vôtre.

À partir de ce moment, refusez consciemment qu'un trouble obscur dirige votre vie. Tenez bon jusqu'à ce que ses exigences s'épuisent. Les états négatifs n'ont pas de vie réelle de sorte que, si vous retirez consciemment votre vie de la leur, vous ordonnez à leur sombre présence de disparaître. Une fois la pression levée, vous pouvez choisir de parler ou non de votre conflit parce qu'à ce moment-là, vous serez maître de vous-même *et* de la situation au lieu d'être gouverné inconsciemment par celle-ci.

Chapitre 7

Branchez-vous sur une vie sans compromis avec vous-même

À mesure que nous comprenons mieux notre nature supérieure, notre certitude d'être tombés sur une source absolue de force et de sagesse grandit. Cependant, c'est la découverte que cache cette percée qui promet de nous révéler enfin le trésor que nous cherchons.

Petit à petit, l'idée que la source de toutes ces possibilités supérieures réside au sein de notre être se fait jour dans notre esprit. C'est notre essence profonde qui vit sans compromis. À mesure que la présence croissante de notre vraie nature, le libre esprit, devient de plus en plus évidente pour les univers mentaux et émotionnels qui se trouvent *en nous,* nous comprenons beaucoup mieux les mondes déroutants qui tournent *autour* de nous.

Nos vieilles peurs d'être abandonnés disparaissent d'elles-mêmes et notre désir de savoir avec certitude qu'il existe un ordre dans l'univers fait lentement place à la confiance nette en le fait que, non seulement il existe un plan, mais que nous avons accès à sa parfaite symétrie. La possibilité d'une indépendance personnelle et pourtant tout à fait harmonisée devient notre réalité.

Notre nouvelle vision nous fait voir que tout, y compris nous-mêmes, obéit à des lois supérieures. Chaque jour, d'innombrables façons, nous voyons le divin s'exprimer dans les affaires de tous les jours.

Grâce à notre savoir naissant selon lequel même les vérités les plus simples ne sont qu'un reflet d'un pouvoir encore plus grand, une nouvelle audace pénètre notre cœur. Nous sommes prêts à risquer davantage parce que nous avons moins peur. Et nous avons de moins en moins peur parce que nous savons désormais, hors de tout doute, que comme ces principes supérieurs nous parviennent de quelque part, il est donc possible de remonter à leur source. Découvrir cela, c'est aussi trouver comment rentrer chez soi.

ATTIREZ DES RÉSULTATS POSITIFS GRÂCE À CE PUISSANT PRINCIPE SECRET

— Je dois reconnaître que cela m'emballe d'entendre des idées comme celles-là. Mais plus souvent qu'autrement, mon enthousiasme se change en agitation. C'est comme si on me donnait une brochure touristique, une carte d'embarquement sans me dire d'où part mon avion! Malgré mon profond désir, je n'arrive pas à décoller. J'ai besoin de quelque chose de plus solide. Pouvez-vous me dire ce qui m'aiderait à mettre du vrai vent sous mes ailes?

— Permettez-moi de citer ici les premières paroles d'une célèbre chanson: «L'amour et le mariage vont ensemble comme le cheval et la calèche.» Ces simples paroles cachent une loi céleste sur le pouvoir d'attraction. Voici la suite de cette chanson: «Je te l'assure, mon frère, l'un ne va pas sans l'autre.» Ces paroles innocentes expriment, en termes concrets, un puissant principe cosmique que nous pouvons utiliser pour accéder au libre esprit.

— Vraiment? Quel principe?

— *La loi de l'attraction.* Nous avons tous déjà entendu parler de ce principe formulé différemment. Rappelez-vous le proverbe «Qui se ressemble s'assemble». Ces paroles «l'un ne va pas sans l'autre» disent que tout, depuis les créatures ailées jusqu'aux forces célestes, possède une essence spécifique qui attire des éléments semblables. Voyez-vous la vérité de ce principe?

— Oui, mais à quoi bon connaître cette loi de l'attraction ou tout autre principe supérieur s'il ne me met pas en contact avec le libre esprit? Comment mettre cette loi en pratique dans ma vie de tous les jours afin de réaliser le divin?

— Commençons par une qualité émotionnelle ou mentale courante à laquelle vous attachez une importance particulière. Choisissez celle qui vous plaît.

— D'accord. Disons la clarté. Dans mon travail à titre de chargé de comptes, la clarté est une qualité essentielle au bon fonctionnement des opérations de la société.

— Bien. La clarté est l'une de mes qualités préférées puisqu'elle est essentielle à toutes nos activités. Quand vous songez à l'importance d'être clair dans vos communications ou vos choix, quels sont les avantages que vous retirez soit parce que vous êtes clair au sujet d'un problème, soit parce qu'une autre personne est claire avec vous?

— La clarté entraîne toujours une plus grande efficacité, ce qui se traduit par une meilleure productivité. En outre, elle facilite la prise de décision.

— Bien. Associez-vous d'autres caractéristiques positives avec la clarté, comme la confiance, la raison d'être et la désinvolture?

— Oui. Je commence à voir où vous voulez en venir. L'une attire l'autre.

— Nous pouvons, et *devons,* être plus précis dans nos découvertes. *L'un ne va pas sans l'autre.* Ce qui signifie en outre que, de même que toutes les formes de clarté sont reliées à un certain calme, le contraire de la clarté s'associe à un conflit constant. Pouvez-vous être sûr de vous et à l'aise dans une réunion importante si vous ne savez pas très bien pourquoi vous y assistez? Ou serez-vous plutôt nerveux et agité pendant toute sa durée?

— Je me suis déjà trouvé dans cette position inconfortable et cela m'a énormément déplu. Je sais, toutefois, que nous ne parlons pas de moments individuels comme ceux-là, mais plutôt de la façon de modifier ce qui les attire vers nous en premier lieu. Ai-je raison?

— Vous l'avez exprimé correctement. Si nous pouvons voir, en fait, que les états intérieurs positifs conduisent à des expériences de vie positives, nous pouvons aussi voir que les états négatifs *doivent* attirer des résultats négatifs. En clarifiant ce cycle obscur, nous comprendrons mieux comment nous nous faisons du tort sans le savoir.

UNE QUESTION QUI NOUS EMPÊCHE DE NOUS FAIRE DU TORT

Chaque fois que les choses sont confuses dans notre esprit ou notre cœur, nous trouvons aussi en nous de l'hésitation, des doutes et de la peur.

Une simple progression de la loi de l'attraction nous révèle qu'une fois dans les mains de l'un de ces états intérieurs chancelants qui fraye avec la confusion — comme l'anxiété — que pouvons-nous espérer attirer à part d'autres états négatifs comme la tension et l'irritabilité? Ces émotions brusques sont les sœurs de l'impatience, qui côtoie l'intolérance qui, elle-même, engendre la cruauté et la haine.

Notre nouveau savoir est incontestable. Il nous montre que si nous nous entourons d'ombres, nous pouvons seulement attirer la noirceur. La leçon est claire: l'un attire l'autre parce que, en réalité, *l'un est l'autre*. Le feu n'attire pas la fumée. La fumée est au feu ce que la colère est à la haine et à la violence. Ce qui nous amène au sujet principal de notre étude.

Il n'est pas question de faire des compromis avec les états négatifs ou les conflits qui nous tourmentent. Nous devons prendre la résolution de ne jamais accepter un état de négativité mentale ou émotionnelle ni nous associer. Si jamais l'esprit du moi tente de vous convaincre que vous ne pouvez pas vous maîtriser, il est en votre pouvoir de repousser ce guignol et ses prédictions lugubres. Exigez calmement qu'il réponde à l'une de *vos* questions *avant* que vous n'acceptiez la défaite selon *ses* conditions. Demandez-lui ceci: que m'arrivera-t-il si *je continue de céder ou de faire des compromis* avec ce qui me fait du tort?

L'esprit du moi doit à tout prix éviter de répondre à cette question. Il sait instinctivement que s'il vous donnait la bonne réponse, vous n'auriez plus aucun doute sur ce que vous devez faire pour ne plus jamais vous nuire à vous-même.

— Je n'ai jamais compris cela aussi clairement auparavant, mais cela m'effraie. Je ne crois pas être assez fort pour mettre un terme à ce que je soupçonne n'être que la pointe d'un sombre iceberg intérieur.

— Nous ne devons pas avoir peur de nos découvertes. Pas plus que nous devons nous inquiéter de savoir si nous faisons le poids ou non contre ce qui nous affaiblit. Vous avez *l'impression* que ces émotions circonspectes sont de votre côté parce qu'elles *ont l'air* de vouloir vous protéger, mais une fois encore, *l'une ne va pas sans l'autre.* Oubliez ce que vous disent ces pensées et sentiments habituels et écoutez plutôt le libre esprit. La peur et l'inquiétude — peu importe leur objet — *trahissent toujours ceux qu'elles possèdent.* En outre, ce n'est pas à vous de bouter ces fauteurs de trouble hors de votre vie pour de bon.

— Maintenant, je suis confus. Je croyais vous avoir entendu dire que nous ne devions pas faire de compromis avec un état de noirceur intérieur. Si nous ne nous libérons pas nous-mêmes, qui le fera ou quoi?

— *Nous ne devons faire aucun compromis,* mais nous devons cesser de penser en termes de vaincre ce qui nous écrase. Les seules vraies solutions sont celles qui ont le pouvoir de nous élever au-dessus de nos inquiétudes. *Laisser aller un conflit, c'est simplement dépasser le besoin qu'on en a.* C'est pourquoi votre seule responsabilité consiste à être prêt à vous tenir au bon endroit intérieurement. C'est à cet endroit seulement que les lois supérieures de l'attraction peuvent faire pour nous ce que nous sommes incapables de faire nous-mêmes: séparer ce que nous sommes vraiment — le libre esprit — de ce que nous ne sommes pas — l'esprit du moi.

FAIRE UN AUTRE PAS VERS LE HAUT: LE SECRET

Imaginez une gare ferroviaire pleine d'animation avec ses multiples quais d'embarquement tous situés sur une grande plate-forme. Depuis ce lieu élevé, situé au milieu de la gare, de nombreux trains partent vers des déserts brûlants tandis qu'un seul a pour destination une fraîche villégiature montagnarde.

Pour monter à bord du train qui nous conduira vers les plaisirs de la montagne, il faut savoir où le prendre. Or chaque fois que nous refusons de nourrir un état autodestructeur, nous nous plaçons sur la bonne voie, celle qui nous donnera le vrai pouvoir de nous élever. Pourquoi? Parce que notre détermination à demeurer éveillés et à *ne pas* nous nuire à nous-mêmes est manifestement la bonne voie. Cette position correcte à l'égard des intrus psychiques nous donne la possibilité — *et* le pouvoir — de faire un pas vers le haut.

Voyons comment nous pouvons appliquer notre nouveau savoir sur la loi de l'attraction à certains événements courants de la vie chaotique d'aujourd'hui.

Supposons qu'une personne pénètre dans votre bureau et vous annonce à brûle-pourpoint que votre employeur a l'intention de congédier plusieurs employés. Personne ne connaît encore l'identité de ces malheureux.

Sans les principes supérieurs qui vous permettent d'affronter l'inattendu, la peur s'emparerait sûrement de vous à ce moment-là. En moins de temps qu'il ne faut pour le dire, vous deviendriez victime de vos propres projets de vengeance autodestructeurs à l'égard d'un employeur insensible ou d'un autre ennemi.

Bien sûr, au premier coup d'œil, la peur et la colère apparaissent comme des réactions normales, étant donné les circonstances. Toutefois, un examen plus attentif démontrera clairement comment cette attitude nous trahit.

On ne peut avoir peur sans éprouver aussi de l'anxiété. Or l'anxiété ne peut exister sans que nous comparions inconsciemment nos espoirs avec notre crainte de les voir réduits à néant. Notre crainte grandissante d'être déçus dans nos attentes se conjugue à un ressentiment croissant envers la situation ou la personne qui encourt notre blâme pour avoir radié le bonheur que nous espérions. L'amertume nous envahit et nous chuchote à l'oreille que, puisque notre avenir est déjà gâché, pourquoi nous donnerions-nous du mal pour qui que ce soit dans le présent? Puis, la méfiance prend les commandes et, en peu de temps, le feu d'une colère arrogante coule dans nos veines. Arrêtons-nous ici un instant.

À votre avis, cette description brosse-t-elle un profil psychologique assez juste de l'employé qui reçoit une nouvelle qui pourrait être mauvaise pour lui?

— Oui. Vous avez très bien décrit sa réaction. Je ne m'étais pas rendu compte à quel point nos états négatifs sont interdépendants.

— La tristesse ou l'amertume n'arrive jamais seule. Mais nous avons encore beaucoup à comprendre. La négativité, comme toutes les formes de pensée, est en fait une émotion physique. Or toutes les choses physiques, *toutes* les formes de matière, possèdent une masse et toute masse en mouvement est douée de *dynamisme*. En gardant ces détails à l'esprit, retournons à notre histoire et voyons ce que le dynamisme de cet état négatif attirera à lui en fin de compte.

Donc, le patron pénètre dans votre bureau et vous demande d'effectuer un travail supplémentaire. Mais comme votre sentiment d'avoir été trahi est encore frais dans votre cœur, vous ne pouvez vous empêcher de l'accueillir froidement. Vous faites une impression inoubliable sur lui.

Plus tard, lorsque ce même patron passe en revue la liste des employés qu'il compte garder ou congédier, il décide de vous congédier. Pourquoi? Parce que, parmi les facteurs qui influent sur sa décision, il se rappelle votre agressivité à peine voilée et votre résistance évidente à accéder à sa requête. Est-il nécessaire de pousser cet exemple plus loin ou avez-vous compris?

— J'ai compris. Quelle est la solution de rechange?

— Nous pouvons retourner la situation en mettant en pratique ce que nous avons appris sur le pouvoir d'attraction. Donc, reprenons notre histoire depuis le début et mettons-nous à la place de l'employé aux réflexes autopunitifs. Dans notre nouveau scénario, nous recevons la même mauvaise nouvelle. Mais cette fois, au lieu de tomber dans la peur, *nous prenons aussitôt conscience* du fait qu'elle essaie de nous tirer vers le bas. Pourquoi cette action? Parce que *nous savons qu'une peur ne va pas sans l'autre.* Nous faisons un effort surhumain pour demeurer éveillés à sa présence punitive dans notre système psychique.

— Mais cela ne la fait pas disparaître!

N'AYEZ PAS PEUR DE NE RIEN FAIRE AU SUJET D'UNE PEUR

Il ne faut pas tenter de *pousser* cet état négatif — ou notre situation par rapport à lui — à *faire* quoi que ce soit. L'esprit du moi veut toujours utiliser la peur, mais nous voulons nous en débarrasser et non lui trouver un nouvel usage! C'est pourquoi nous devons simplement demeurer présents et conscients de nos peurs et de nos inquiétudes, *sans rien y faire.* Peu importe les solutions que l'esprit du moi nous présente pour nous sortir de cette situation décourageante. À *ce moment-là,* nous ne pouvons rien faire d'autre que de demeurer alertes intérieurement, mais silencieux. Toute autre action relèverait de la peur. Or nous savons déjà ce qui se produit quand nous commettons cette erreur psychologique. Cette voie n'est plus pour nous désormais. Nous voulons emprunter une voie supérieure.

— Supérieure, d'accord, mais comment y accéder? Comment sortir de cette situation épineuse?

— En *évitant* de laisser l'anxiété ou l'inquiétude nous dicter notre conduite, nous prenons la seule mesure qui ne fait *clairement* pas partie de la peur que nous ressentons. En un sens, on peut dire que nous adoptons la bonne attitude en refusant *de prendre la mauvaise*. Ce qu'il faut comprendre ici, et nous devons en expérimenter le miracle par nous-mêmes, c'est que *le prochain pas à faire se manifestera*.

Notre succès à nous dissocier des forces nocives est régi par une loi tout comme ces forces qui nous mettent toujours dans le pétrin. Tout ce dont nous avons besoin pour atteindre ce nouveau succès intérieur se révélera de lui-même, en autant que nous soyons patients. Le libre esprit tient toujours ses promesses quand on collabore avec la sagesse de sa voie. Revenons maintenant à notre histoire et voyons comment notre nouvelle compréhension provoque une issue différente et plus lumineuse.

Donc, nous voilà confrontés à la mauvaise nouvelle mais affrontant résolument nos peurs. Comme nous savons que tout ce que nous pourrions faire dans le moment irait dans le sens de la peur, nous retournons à notre travail comme d'habitude. Seulement, nous sommes actifs *intérieurement et extérieurement*.

Nous demeurons sourds aux vociférations de nos collègues — à l'égard de leur destin imminent — de même qu'aux cris de notre pensée qui martèlent nos oreilles intérieures. Si nous faisons de notre mieux, il se produira une de deux choses, les deux étant excellentes et constituant une réussite.

Nous tombons par hasard sur notre patron. Il nous confie un travail supplémentaire que nous exécutons sans récriminations ni ressentiment. Nous avons fini de nous infliger *cela*. Nous sommes trop avisés pour devenir amers! Notre patron remarque nos efforts pour *être* un bon employé. Il est naturel qu'il soit attiré par notre attitude correcte.

Lorsque arrive le moment crucial de l'évaluation du personnel, le patron décide de nous garder parce que notre attitude nous a permis de gagner ce que nous craignions de perdre.

Même si cette partie de l'histoire ne se déroule pas exactement comme nous l'avons écrite, nous avons quand même remporté une importante victoire. Pourquoi? Parce que chaque fois que nous tournons le dos à ce qui nous effraie, nous tournons également le dos aux actions autodestructrices qu'attire la peur. Or en l'absence de la peur et d'une attitude autodestructrice, nous attirons ce qui est sans peur; autrement dit, nous attirons le niveau de vie supérieur suivant.

Révisez les dix points ci-dessous afin d'attirer les pouvoirs dont vous aurez besoin pour atteindre le libre esprit.

1. Libérez votre besoin naturel d'être *libre*.

2. Le sentiment de devoir en quelque **sorte** prouver votre valeur est un mensonge dont vous n'avez **plus** besoin.

3. Ce n'est pas en augmentant vos exigences que vous obtiendrez davantage de la vie, mais en les laissant aller.

4. Plus vous accepterez clairement l'idée que la souffrance n'est pas nécessaire, plus vite cette souffrance cessera.

5. Nous pouvons seulement être aussi forts que nous sommes sages concernant les voies de la faiblesse.

6. Utilisez chaque déception pour comprendre que vous n'avez plus jamais besoin d'éprouver ce sentiment.

7. *Toutes* les émotions négatives vous limitent.

8. L'autocorrection est le germe de la certitude par rapport à soi-même.

9. Le fait de savoir que vous attirez ce que *vous êtes* vous aide à vouloir être différent.

10. Le pouvoir du libre esprit met tous les vents dans votre dos.

Nouvelles réponses pour une nouvelle vie

Imaginez un homme qui vient d'apprendre que l'un de ses meilleurs amis l'a trahi. Quelle est sa réaction? Quelle est sa première réponse à cette épreuve?

La colère et les projets de vengeance.

Imaginez qu'une femme se rende brusquement compte qu'elle arrivera en retard à un rendez-vous important. Comment affronte-t-elle la pression de ce moment-là? Quelle est sa première réaction à son manque de temps?

L'anxiété et l'élaboration d'excuses qu'elle espère plausibles.

Voici deux personnes différentes, qui affrontent des situations différentes, mais font le même mauvais calcul. *Toutes deux ont la mauvaise réponse.* Pour comprendre leur erreur, examinons de plus près comment chacune arrive à sa solution erronée.

L'homme qui découvre qu'il a été trahi voit sa colère comme une source de force. Il croit aussi qu'il se sentira mieux après avoir échafaudé ses projets de vengeance. Mais la colère n'est pas une vraie force et la vengeance nous anéantit toujours avant d'avoir atteint sa victime. Ce que cet homme ne voit pas, c'est que son cœur souffre *non pas* à cause de ce que son ami lui a fait, mais à cause de ce qu'il s'inflige à lui-même en se laissant aller à des pensées rageuses et destructives. Il est aveugle au fait que la vraie cause de sa souffrance tient à *sa propre réaction.*

La femme qui est en retard à son rendez-vous est persuadée que son anxiété et son inquiétude l'aideront à se sortir de son mauvais pas. Elle ne comprend pas qu'elle se sent coincée parce qu'elle est temporairement égarée dans un coin obscur de son esprit. Elle ne voit pas que la pression qu'elle ressent n'est pas due à son retard, mais au fait qu'elle a sauté tête première dans un torrent d'émotions. Elle ne comprend pas que la pression écrasante qu'elle éprouve *fait partie de sa réaction.*

Résumé: *Votre réponse* à n'importe quel problème — et *ce que vous expérimentez comme la qualité de votre vie* dans ces moments-là — *sont une seule et même chose.* En d'autres termes, *votre manière de réagir aux événements de la vie et ce que vous expérimentez* *comme étant votre vie,* ne font qu'*un.* Voyons comment cela fonctionne.

Si votre réaction à un triste souvenir qui vous traverse l'esprit est de vous laisser emporter par lui, pourquoi vous surprendre si vous tombez soudain dans un profond chagrin? Votre sensation de chute tient au fait que *votre réaction et vous ne sont jamais séparés.*

Vous ne pouvez vous séparer de ce que vous obtenez de la vie de même que l'océan ne peut se séparer de ses vagues.

Chaque seconde, vous obtenez la mesure exacte de la réponse que vous avez donnée à la vie l'instant d'avant. Ni plus ni moins: la vie est toujours vraie de cette façon. Sans échec et sans jugement, la vie vous parle directement à travers l'expérience immédiate que vous en faites. Apprenez à écouter ses sages conseils à chaque moment. Voici ce qu'elle vous dit: «*Regardez-vous,* vous êtes responsable.»

Le libre esprit sait que la réalité est un parfait miroir. Un miroir qui reflète toujours exactement ce qu'il voit. Par contre, l'esprit du moi déforme toujours tout ce qu'il voit afin de justifier ses intentions cachées et inconscientes. C'est pourquoi il faut toujours être prêt à affronter la vie à partir du libre esprit. Lui seul est le maître parfait parce que sa nature sans peur ne nie jamais ce qu'il voit. Votre vie peut être aussi lumineuse et légère que ce moi pur et élevé, *en autant que* vous soyez disposé à voir que quand un événement amer se produit dans votre vie, c'est *votre réponse à cet événement* qui est amère.

COMMENT CHOISIR LA BONNE RÉPONSE À UN MAUVAIS SENTIMENT

N'ayez pas peur de voir que la plupart des réponses avec lesquelles vous affrontez actuellement la vie sont les mauvaises.

Doute de soi, colère, déni, anxiété, agressivité, inquiétude, ressentiment, ambition, envie, avidité, arrogance, sarcasme, sentiment de supériorité, exigences, cynisme, fuite, récrimination, dépendance, attentes, contrainte; toutes sont de mauvaises réponses qui peuvent seulement vous infliger des maux secrets.

Vous vous demandez peut-être: «Quelle est donc la bonne réponse pour moi? Comment puis-je être certain de faire le bon choix? Ou même qu'une pareille chose existe?»

Rien de plus facile! Voici pourquoi. Vous souvenez-vous des examens scolaires qui comportaient des questions à choix multiples? Dans certains cas, vous pouviez trouver les bonnes réponses, non parce que vous les connaissiez, mais simplement parce que *vous saviez qu'aucune des autres n'était la bonne.* Autrement dit, *vous arriviez à la bonne réponse parce que vous connaissiez les mauvaises!* Vous n'en étiez peut-être pas conscient à l'époque, mais en éliminant les mauvaises réponses, vous utilisiez une technique ancienne et sage qui permet de connaître la vérité. Or ce puissant principe recèle un secret tout à fait étonnant.

Chaque fois que vous refusez de choisir les mauvaises réponses dans la vie, vous vous rapprochez de réponses nouvelles et vraies *pour vous* et jouissez des *avantages* qu'elles comportent: un esprit paisible, un cœur content et une confiance totale.

Peu importe à quel point une situation vous paraît déplaisante sur le moment, rappelez-vous toujours qu'*on ne peut affronter une situation avec négativité sans se plonger soi-même dans la noirceur que l'on vient de créer.*

Il existe toujours une réponse supérieure et plus heureuse en autant que vous appreniez à la demander. Encore une fois, cette forme de suspension consciente de soi, qui consiste à mettre de côté sa pensée et ses réponses habituelles, peut *sembler* effrayante à certains moments. Mais un jour, vous serez enchanté de comprendre que vous n'avez pas besoin de réponses qui provoquent de la peur.

Plus vous comprendrez le libre esprit et sa manière de répondre sans peur à la vie, plus vous deviendrez fort. Puisez dans les dix principes ci-dessous pour atteindre une force intérieure sans compromis.

1. Tout ce qui vit sous le soleil est gouverné par des lois supérieures invisibles.

2. Voir que l'ordinaire et le cosmique sont reliés, c'est comme savoir que l'on peut retrouver son chemin vers le libre esprit.

3. Les lois de l'attraction sont à l'œuvre partout et sur tout, depuis les oiseaux jusqu'aux forces célestes.

4. Votre résolution consciente de *ne plus jamais* faire de compromis avec un état intérieur négatif attirera ce dont vous avez besoin pour vous libérer de ces états.

5. Si vous aviez peur, un jour, de ce que vous voyez en vous-même, rappelez-vous calmement ce qui arrive à la largeur et à la profondeur d'un iceberg qui dérive dans la chaleur et la lumière croissantes d'un soleil plus chaud.

6. L'insatisfaction consciente que vous ressentez devant votre façon de répondre à la vie actuellement attire un ordre de réponses plus élevé.

7. Ne pas faire le mauvais pas équivaut à faire le bon, comme quand vous refusez de laisser l'anxiété dicter vos actions futures.

8. La rage ou le ressentiment ne sont jamais les bonnes réponses, car un examen plus attentif révèle qu'il n'est jamais sensé de brûler la maison pour sauver la grange.

9. Si votre meilleure réaction est la négativité, mieux vaut ne pas réagir du tout.

10. Comprendre de plus en plus que l'on ne rencontre jamais rien d'autre que sa propre nature, c'est aussi grandir dans sa propre nature.

TOUCHEZ LE RIVAGE SÛR DU LIBRE ESPRIT

Un homme s'était embarqué clandestinement à bord d'un cargo et avait trouvé refuge dans une chaloupe de sauvetage arrimée sur le pont. Tard un soir, un orage soudain trempa les seuls vêtements qu'il possédât. Ruisselant, tremblant de froid et désorienté, il entra par effraction dans une cabine sombre et s'empara du premier uniforme qu'il y trouva. Il ne fut pas aussitôt vêtu que le navire heurta un récif et fit une embardée. L'homme tomba, se heurta la tête et perdit connaissance. Quand il revint à lui, il entendit des voix qui criaient: «Sauve-qui-peut! Abandonnez le navire!»

Étourdi et ne sachant plus qui il était ni où il se trouvait, l'homme se regarda à la lueur rouge des lumières d'urgence et vit qu'il portait un uniforme de capitaine. Son esprit se mit aussitôt en état d'alerte. Après tout, raisonna-t-il soigneusement, il n'avait pas le choix. C'était lui, le capitaine! Il lui faudrait couler avec son bateau. Dans les secondes qui suivirent, sa véritable identité lui revint à l'esprit. Il *n'était pas* le capitaine. Il était passager clandestin à bord d'un steamer et tentait tout bonnement de rentrer chez lui.

Quel soulagement! Ce n'était pas son bateau. Il n'aurait pas besoin de couler avec lui après tout!

Vous n'êtes jamais tenu de couler avec une pensée ou un sentiment qui tente de vous attirer sous l'eau, peu importe les dettes que, selon cette pensée ou ce sentiment, vous avez contractées envers lui.

La prochaine fois que vous vous surprenez à donner à la vie une réponse négative du genre «Je ne peux pas», «À quoi bon?» ou «Je n'y arriverai jamais», tournez-vous immédiatement vers la réponse non destructive du libre esprit.

Dites-vous silencieusement — en parlant de la pensée ou du sentiment pénible — «ce n'est pas mon bateau!». Puis reculez d'un pas et *laissez ces pensées et ces sentiments couler pendant que vous restez debout.* Séparez-vous consciemment de tous ces états déprimants et autodestructeurs, et un jour, vous naviguerez dans le havre sûr du libre esprit.

Chapitre 8

Possédez la sécurité permanente de votre vraie nature

Se tourner vers ses pensées pour trouver des solutions à des problèmes créés par sa propre façon de penser, c'est comme sauter sur un rouleau compresseur dans l'intention de traverser l'océan.

Le brillant psychologue et écrivain Carl Jung a formulé avec une merveilleuse concision le message essentiel de cette idée concernant la limite de la pensée en tant qu'outil de libération de soi-même: «Dans la vie, les problèmes les plus grands et les plus importants sont tous, en un sens, insolubles... On ne peut jamais les résoudre, seulement les dépasser.»

Autrement dit, nous devons renoncer à lutter avec ce qui, *dans notre esprit,* nous restreint, et investir nos énergies vitales dans la transformation de notre nature. Nous devons apprendre à laisser derrière nous ce moi imaginaire qui passe son temps à échafauder des pièges, puis à tomber dedans, au lieu de le servir. L'apprentissage spirituel est une émancipation de soi.

Pour dépasser nos problèmes — *qui découlent de notre façon de penser*—, nous devons d'abord saisir la nécessité non seulement de comprendre la nature de ces blocs de construction invisibles que sont les pensées, mais encore de jeter un coup d'œil sur la structure du monde invisible que créent ces mêmes pensées.

Comme la plupart d'entre nous en savent fort peu sur les machinations de leur royaume mental invisible, nous ne sommes pas conscients du fait que ses conclusions invisibles nous gardent esclaves de dieux qui ne sont jamais contents. Ce qui explique aussi pourquoi nous passons notre vie — non pas à dépasser naturellement nos problèmes — mais à ramper devant eux. En gardant ces faits à l'esprit, examinons de près la courte leçon qui suit.

Les pensées, peu importe leur agencement complexe, n'en demeurent pas moins des éléments individuels. Même quand notre attention est tout à fait captivée par ce qui nous apparaît comme une horde de monstres qui s'apprêtent à nous écraser, cette foule stupide *n'est encore qu'une seule pensée,* mais qui prend le nom de nombreuses souffrances.

Quand des pensées individuelles similaires sont rassemblées, elles transmettent un reflet plus global de ce que nous appelons une *idée.* Par exemple, le présent chapitre vous est présenté sous forme de phrases individuelles, de pensées simples qui servent à transmettre une idée plus globale sur la nature de la pensée.

Chacune de ces idées, à mesure qu'elle pénètre ou naît dans notre esprit, est alors dirigée vers un groupe approprié afin d'aider l'esprit à former des *concepts.* Ce sont ces concepts — nos images mentales — dont on dit toujours qu'elles valent «un millier de mots».

Voici une observation intéressante: la colle intérieure, les énergies qui retiennent ces concepts ensemble et fondent leurs significations individuelles souvent diverses en une plus globale, provient de notre centre émotionnel. C'est cette qualité émotionnelle qui donne à ces constructions mentales, à ces images psychologiques, leur couleur brillante et leur vitalité, caractéristiques qui semblent leur conférer une vie propre.

On pourrait s'attendre à ce que ce fonctionnement extraordinaire, mais en grande partie mécanique, de l'esprit ne présente aucun problème en soi.

En fait, si notre esprit se contentait de jouer le rôle qui lui est assigné, tout irait bien pour nous. L'ordre ainsi que la liberté qui en découle et qui se trouve au cœur de l'intelligence prédomineraient. Mais ce n'est pas le cas et manifestement, tout ne va pas bien pour nous. Que se passe-t-il donc?

En quelque sorte — et le quand et le pourquoi importent peu — l'esprit s'est mis à considérer ses constructions mentales subjectives — qui sont de simples représentations mentales de la réalité — *comme la réalité*. L'esprit, qui était une merveilleuse création, a commencé à se voir comme le créateur. Autrefois simple expression de mots, il s'est mis à se prendre pour l'orateur et est tombé amoureux du son de sa propre voix!

COMMENT ACQUÉRIR UNE NOUVELLE FORCE SPIRITUELLE

Si une personne se blottissait contre la photographie en couleurs d'un foyer pour se réchauffer un soir d'hiver, nous penserions qu'elle est victime d'illusions. Nous savons fort bien que l'image de papier glacé à laquelle elle s'accroche pour obtenir une chaleur vitale ne peut que se railler de son esprit manifestement dérangé.

Or la malheureuse ne voit pas la futilité de son geste. Pourquoi? Parce que c'est son propre esprit, son niveau de conscience, qui confond une *image de la réalité avec la réalité*. Les images mentales n'ont aucune réalité autre que celle que lui prête le niveau de conscience qui les crée.

Cet exemple exagéré nous laisse entrevoir qu'un problème technique courant et pourtant non détecté affecte notre machinerie mentale. Si vous et moi ne prétendons pas nous rafraîchir en nous plaçant sous la photographie d'une chute d'eau, *nous essayons pourtant de nous tenir debout sur des images*. Mais aucune image n'est permanente ni réelle. En voici d'autres preuves.

Nous vivons avec certains images mentales flatteuses et secrètes de nous-mêmes. Par exemple, nous nous croyons forts, le genre qui n'a pas froid aux yeux. Il y a peut-être même des personnes dans notre vie qui, parce qu'elles se voient comme des êtres faibles, se tournent vers nous pour savoir comment diriger leur vie. Tant que nous nous voyons comme une personne avisée, forte ou amène, nous trouvons normal que ces gens tentent de façonner leur vie d'après la nôtre. Cependant, comme c'est toujours le cas, la réalité s'arrange pour déchirer cette image agréable et notre belle bulle éclate!

Une querelle amère qui se préparait depuis longtemps finit par éclater à la maison. De mauvaises nouvelles nous tombent dessus sans crier gare au bureau. En un éclair, ou nous tremblons devant une situation difficile ou nous léchons les bottes d'une figure d'autorité, d'une personne, que, coïncidence, nous avions houspillée dans les confins sûrs et secrets de notre esprit maintenant apeuré. Où est passée notre grande force?

1. Elle n'a jamais été là!

Tout ce que nous avons jamais possédé jusqu'au moment de ce face-à-face avec la réalité était une image plaisante de nous-mêmes nous montrant sous les traits d'un être fort. Ce qui nous amène à dire ceci:

2. Aucune image illustrant notre *maîtrise de nous-mêmes* ne possède la force ou la confiance qu'elle a l'air de posséder.

Toutefois, nos découvertes sur la nature cachée de notre faiblesse nous conduisent à une conclusion surprenante qui renferme le germe d'une nouvelle force parce que nous comprenons enfin que:

3. La vie ne nous trahit jamais.

Notre sentiment de trahison découle de nos croyances inexplorées selon lesquelles *ce que l'on nous fait croire* à propos de nous-mêmes et des autres est la *réalité. Or, ce ne l'est pas.*

Nous sommes trahis par notre niveau mental actuel qui est incapable de comprendre qu'*aucune de ses pensées à propos d'une chose n'est réellement ce que ces pensées croient qu'elle est.* Voici une autre preuve précieuse de cette idée importante ainsi que de la manière dont cette confusion mentale, concernant ce qui est réel et ce qui ne l'est pas, nous influence personnellement.

Nous avons tous connu des moments éprouvants où nos pensées aimantes se sont subitement transformées en ressentiment ou en rage. Ce changement regrettable de notre nature se produit quand nous sommes confrontés à des gens arrogants ou à des événements stressants qui réussissent à renverser notre image de ce qu'est une attitude aimante.

Pendant que nous parlons de ces brusques sautes d'humeur, veuillez prendre note de cet autre point important. Cette transformation instantanée d'une personne aimante en un être carrément acerbe ne nous paraît sensée que si nous écoutons l'esprit du moi nous expliquer pourquoi ce comportement est rationnel ou nécessaire.

Pour sa part, le libre esprit *sait* qu'aucune force dans l'univers ne peut conférer une forme laide à un amour vrai. Cette nature suprême sait que l'amour n'a pas de contraire. Son seul souhait est de nous faire voir les fausses amours comme de faux amis qui ne sont *jamais* là quand nous avons besoin d'eux.

Il y a un point que je désire clarifier à ce moment-ci de notre recherche. Quand notre image aimante de nous-mêmes se heurte à des faits qui nous prouvent — à notre grande stupéfaction — que cette image agréable n'est que prétention, cela *ne prouve pas* que l'amour et ses merveilleux pouvoirs de guérison n'existent pas.

L'amour est réel, et nous n'en sommes jamais aussi proches que quand nous avons la chance de voir ce qui n'est pas réel en nous. Apprendre à accueillir ces moments bénéfiques — où nous reconnaissons ce qui est faux en nous —, c'est comme accueillir ce qui est vrai. Comme nous le verrons au fil de nos recherches, effleurer la vérité, c'est comme toucher la réalité.

LA VRAIE RAISON QUI FAIT QUE NOUS NOUS SENTONS CAPTIFS

Avant de pouvoir connaître la vraie valeur ou le pouvoir d'une chose, qu'il s'agisse de l'amour auquel nous aspirons ou de la liberté contenue dans la pureté du moment présent, nous devons faire *l'expérience directe de son univers*. Cette union intérieure, qui fait que nous passons de l'état de simple conscience d'un élément merveilleux nous concernant à la compréhension consciente que cette merveille fait partie de notre nature, est l'essence d'une expérience spirituelle authentique. En pénétrant dans le vrai monde au-delà de la pensée, nous nous fondons avec la réalité. Voici une autre façon de formuler cette idée importante.

Nous devons comprendre la *vérité* d'une chose *avant* d'en saisir toute la puissance. Si cela facilite la compréhension de ce concept, disons que les termes vérité et réalité sont tout à fait interchangeables. Le caractère vrai d'une chose et sa réalité sont une seule et même qualité.

L'exemple suivant illustre cette notion fondamentale. Soyez patient avec vous-même. Voyez que vous comprenez déjà plus que ce que vous croyez savoir.

Dans le royaume physique, le contact direct avec la vérité d'une chose, avec sa *réalité*, est monnaie courante. En fait, les vrais plaisirs de notre vie quotidienne sont l'expression spontanée de ces rencontres saines avec la réalité. Peut-être pensez-vous à d'autres exemples naturels que vous aimeriez ajouter à celui-ci.

Pour connaître la force d'un chaud soleil d'été, il suffit de sortir et de se placer sous ses rayons pénétrants. Au moment précis où vous absorbez les rayons du soleil, la réalité de la lumière du soleil et sa force se confondent et les deux vous apparaissent comme une certitude. Rien ne pourrait ébranler votre conviction concernant le pouvoir calorifique du soleil même si quelqu'un mettait en doute son existence parce que, comme vous vous tenez dans la lumière du soleil, sa *vérité* est devenue la vôtre.

Toutefois, en ce qui touche le royaume spirituel intérieur, siège de la réalité, le contact direct avec la *vérité* de ses pouvoirs libérateurs est loin d'être courant. Tant que nous demeurons ce que nous sommes, c'est-à-dire des étrangers face à la réalité de notre véritable nature, nous n'avons d'autre choix que d'errer dans le monde imaginaire de l'esprit du moi, isolés de ce qui est éternel et privés du plaisir de *connaître* la liberté permanente de l'individualité que seule la réalité peut nous conférer.

Chacun ou presque se sent coupé de la réalité de la vie et de son potentiel complet. Peut-être n'y avez-vous jamais songé, mais c'est ce sentiment dérangeant d'avoir des affaires à régler, *d'être incomplets,* qui explique notre sentiment de captivité.

Quand nous cherchons à nous libérer des liens qui nous retiennent, nous cherchons en fait notre rapport à la réalité. Si nous voulons habiter ce monde supérieur où la réalité de la liberté et son pouvoir *sont une seule et même chose,* nous devons trouver une façon d'entrer dans son domaine éternel.

Mais où chercher ce royaume paisible que l'on appelle la réalité?

Le dialogue ci-dessous, tiré d'une discussion de groupe, jettera peut-être quelque lumière sur vos questions concernant la façon d'entrer en contact direct avec le libre esprit.

LES CLÉS DU ROYAUME DU MOMENT PRÉSENT

— Je sais, ou du moins je sens profondément, que ces idées étonnantes sont vraies, mais *comment* arriverai-je à connaître la réalité d'une vie éternelle? Comment accéder à cette oasis intérieure quand mon univers demeure placé sous le signe de la précipitation et de la petitesse?

— Laissez-moi vous poser une devinette. La résoudre vous aidera à chercher dans la bonne direction le trésor que vous convoitez. Quelle est la condition que chaque être et chaque chose partage avec tout ce qui existe sans le savoir? Voici un indice supplémentaire. En ce moment même, vous êtes entouré d'un monde illimité qui ne change jamais et qui, pourtant, est toujours nouveau.

— Je ne vois pas. Ce royaume existe-t-il?

— Sans l'ombre d'un doute. On l'appelle *le moment présent,* le centre d'intérêt de toutes les forces créatrices connues de l'univers. Nous vivons tous dans ce royaume éternel, sans le savoir, de même que le poisson ignore que l'eau dans laquelle il nage est le creuset vital de son existence. Pour la plupart d'entre nous, *le moment présent* n'est qu'un concept mental que nous acceptons plus ou moins ayant trait à *un temps* qui, fait ironique, est en réalité éternel.

— S'il existe vraiment un endroit doté d'un tel pouvoir, où se rassemblent toutes les forces créatrices de l'univers, qu'est-ce qui vous fait croire que cette singularité est le moment présent? Quelle preuve en avez-vous?

— Étudions cette question ensemble. Existe-t-il une seule chose qui *ne fasse pas partie* du moment présent? Avant de répondre, songez que même vos souvenirs du passé de même que vos espoirs futurs naissent uniquement dans l'ici et maintenant. Voyez-vous la vérité de ce premier point?

— Je dois reconnaître n'y avoir jamais pensé auparavant, mais évidemment, puisque *tout se produit dans le moment présent,* je dois en conclure que le moment présent est à l'origine de tout ce qui existe, ou du moins y prend une part active.

— D'accord, clarifions ce concept dans notre esprit. Où s'expriment *toutes* les énergies?

— Je vois. Vous dites que le moment présent est le point unique de l'expression de la vie!

— Bien! Encore quelques questions et réponses et nous pourrons nous fonder sur ce point. Quand la vie commence-t-elle? Quand finira-t-elle? Quand se produisent la cause *et* l'effet? Sont-ce vraiment des forces distinctes? Quand faisons-nous face à chacune de nos difficultés? Quand naissent les problèmes et quand sont-ils réglés? Quand ressentons-nous de la douleur? Quand se produit notre guérison?

— Je crois que je commence à comprendre. Comme c'est extraordinaire! Même si mon esprit a toujours vu ces moments individuels comme des moments distincts, tous prennent place dans le *maintenant*. Et c'est *toujours maintenant*. Est-ce juste?

— Oui, mais allons un peu plus loin. Détendez-vous et laissez les idées suivantes vous révéler leurs trésors cachés sur le royaume éternel du moment présent.

— Mon esprit est prêt à apprendre, mais, à vrai dire, je ne suis pas toujours certain qu'il saisit très bien votre message!

— Ne vous souciez pas de savoir si votre esprit comprend tous ces principes. Il est utile de comprendre la logique spirituelle, mais en fin de compte, *c'est votre attitude à l'égard de ces idées supérieures qui déterminera votre réussite*. Si vous demeurez ouvert au nouveau, ce qui est vrai prendra soin du reste.

— Voilà qui est très encourageant.

— Alors continuons. Nos découvertes révèlent que les énergies cosmiques qui forment et animent tout ce qui vit et le déroulement constant du moment présent sont, en fait, une seule manifestation continue. Toutefois, ayant compris cela, nous devons oser nous demander si notre *idée* de ce *maintenant* éternel correspond à la vérité d'un état vraiment hors du temps? Ou si notre concept de l'éternel est très différent de cela? Qu'en pensez-vous?

— Ces deux concepts sont différents, manifestement. Je crois que je commence à comprendre. La vérité d'une chose, qui se confond avec l'expérience réelle de cette chose, ne peut se trouver dans l'idée de cette chose. Est-ce que je vous comprends bien?

— Oui. Donc, même s'il est possible de conceptualiser un moment parfaitement présent, les pensées mêmes qui nous permettent d'imaginer ce royaume éternel nous viennent du monde du *temps.* Cette découverte nous montre qu'*aucun* concept, peu importe sa nature, *ne fait partie du moment présent.* Comprenez-vous cela?

— Oui, je crois comprendre. Mais quel est le lien entre ces principes et le fait d'entrer en contact avec le libre esprit et d'accéder à la liberté spirituelle?

— Dans le moment présent, *vous n'existez pas.* Du moins pas de la façon dont vous vous percevez vous-même.

— Que voulez-vous dire? Comment pouvez-vous dire que je n'existe pas? Je suis moi!

— Rappelez-vous tout ce que vous avez appris jusqu'ici, puis écoutez ce que le libre esprit a à vous dire. Vous n'êtes pas ce que vous *croyez* être. Toutes vos images de vous-même, y compris vos souvenirs et vos projets futurs — votre identité totale — ne sont qu'une construction mentale complexe que vous acceptez à tort comme étant votre essence. Vous *n'êtes pas* cela. Vous n'êtes pas votre nom, ni aucun autre titre que l'esprit du moi vous donne.

Si vous êtes prêt à reconnaître la vérité de cette révélation stupéfiante *concernant ce que vous n'êtes pas,* vous comprendrez qu'elle a le pouvoir de *vous libérer de vous-même.* Accueillez donc ces découvertes fascinantes et libératrices. Osez y réfléchir. Leur apparition graduelle vous met en contact direct avec la réalité. Vous détenez les clés du royaume du moment présent.

UNE HISTOIRE DE VRAIE MAGIE

Rien n'illustre aussi concrètement les principes supérieurs et les concepts spirituels que les histoires et les paraboles. Imaginez que vous êtes le principal protagoniste de l'histoire qui suit. Laissez cette anecdote et la suivante vous enseigner que toute souffrance psychologique est inutile et peut être abandonnée.

L'atmosphère était trop calme. Il sentait sa peau se tendre. En fait, il avait davantage l'impression de rapetisser, mais il savait bien que c'était impossible. Par ailleurs, il savait que s'il posait la question qui lui brûlait la langue, elle pourrait être perçue comme irrévérencieuse, un peu comme s'il demandait à un mathématicien si on pouvait se fier aux chiffres.

Toutefois, il sentait qu'il n'avait pas le choix. Le moment était venu. Pourtant, ce n'était pas le courage qui l'avait poussé à ouvrir la bouche et à prononcer les mots qui lui venaient. C'était le poids du silence qui l'avait finalement poussé dans le vide. D'une voix tremblante, le jeune apprenti demanda: «Je vous en prie, Maître, dites-moi. Est-ce que la magie existe vraiment?»

La réponse du vieillard ratatiné vint si rapidement que l'enfant sursauta: «Bien sûr qu'elle existe.»

L'apprenti éprouva un soulagement immédiat. Après tout, ces derniers jours, il avait imaginé que le maître le changerait en grenouille ou en chauve-souris s'il osait poser une telle question. Mais rien de mal ne lui était arrivé. Rien du tout. Il s'enhardit alors à poser sa seconde question. «Qu'est-ce au juste que la vraie magie, Maître?»

Avant même que le son de ses propres mots ne quitte ses oreilles, le Maître avait traversé la pièce; il se tenait devant lui et plongeait son regard dans le sien comme s'il y cherchait quelque chose. Apparemment, il trouva ce qu'il cherchait, car son regard se posa soudain au loin. D'une voix qui ne tremblait pas, le Maître lui parla ainsi. «La vraie magie existe quand tu sais que rien dans ce monde, ni dans les innombrables autres royaumes qui existent, *n'a le pouvoir de te faire du mal.*»

Puis, le vieillard traversa la pièce et sortit en disant, comme si cela lui venait après coup: «Et la vraie magie n'est pas une chose que l'on possède. *C'est ce que l'on est.* Maintenant, finis ton travail, puis retourne à tes études.» Et la porte se referma sur lui.

Vous aussi possédez une nature sans peur qui sait qu'elle ne peut pas être blessée, vaincue ou dominée par quoi que ce soit, une essence qui ne souffre jamais. Mais vous ne vivez pas à ce niveau. Votre vie actuelle et cette source de force suprême habitent deux univers entièrement différents. Votre travail intérieur consiste à édifier le pont de la compréhension entre la personne que vous croyez être et la réalité de votre vraie nature. Pour aller loin, il faut commencer tout près.

METTEZ UN TERME À LA GUERRE SECRÈTE QU'EST LA COMPARAISON DE SOI

Comme notre examen intérieur continue de le démontrer, notre niveau de vie actuel est en fait une construction secrète en conflit, une manifestation physique de la nature invisible de la pensée. La souffrance fait à la fois partie de cette nature mentale et de tous les mondes qu'elle crée. Or cette nature mentale, la vie de nos pensées, aussi sublime soit-elle, *n'est pas notre vraie nature*.

L'esprit souffre *à cause de sa façon de penser*. Vous et moi souffrons parce que, comme nous vivons au niveau de nos pensées, nous *prenons leur nature pour la nôtre*. La souffrance est l'une des conséquences négatives de l'identification avec ses propres pensées parce qu'*il est dans la nature de la pensée de diviser*.

La division est le support de la pensée. En pratique, la pensée est le pouvoir qui nous permet de distinguer les pommes des oranges. Cela ne pose pas problème jusqu'à ce que la même pensée vous dise que votre pomme est plus petite que mon orange! La souffrance naît de cette comparaison.

Cette souffrance, et le faux sens du soi qu'elle entraîne, n'est nulle part aussi évidente que dans l'esclavage et l'angoisse qui résultent de l'acte inconscient qui nous pousse à nous comparer. Examinons une forme extrêmement courante et pénible de comparaison que nous connaissons tous: la comparaison de ce que nous *croyons* être avec ce que nous *croyons devoir être*. Cette forme de comparaison de soi-même n'est rien d'autre qu'un conflit que l'on crée soi-même.

Vous pensez peut-être: «N'est-il pas normal que nous cherchions à nous améliorer? Comment le seul fait de penser à moi-même et de vouloir m'améliorer peut-il créer un conflit?»

Que diriez-vous d'une personne engagée dans une guerre continuelle *intérieure avec elle-même* sinon qu'elle vit dans un conflit qu'elle crée elle-même? Il ne peut y avoir de gagnant dans une bataille qui met en cause un seul combattant! Voyons comment cette guerre interne naît de prime abord.

La comparaison, et le conflit interne qu'elle entraîne naturellement, ne peuvent exister sans la présence *en vous-même* d'images et de concepts conflictuels à propos *de vous-même*.

Certains de ces concepts de soi englobent les traits de votre caractère que vous jugez négatifs ou positifs, la façon dont vous pensez que les autres vous perçoivent et ce que vous aimeriez changer en vous.

Cependant, ce dernier concept est de loin le plus sournois et en un sens, il engendre tous les autres: il dit que le «vous» engagé dans ce conflit constant qu'est la comparaison de soi *est différent* de toutes les autres facettes de vous-même qui font l'objet d'une comparaison. Or il ne l'est pas.

Ce «vous», ce sens familier du soi qui est satisfait à certains moments et tourmenté à d'autres parce qu'*il doit être vous,* n'est pas du tout votre vrai moi! Pas plus que la fausse impression de vie que cette souffrance constante confère à *votre vie réelle.* L'ensemble douloureux produit par ce travail invisible appartient à l'esprit du moi. Il dérive sa non-vie des incessantes comparaisons de la pensée entre *ce qui était et ce qui est.* Puis, depuis cette tribune d'insatisfaction, il imagine dans le futur un nouveau moi qui vivra sans punition.

Or, je le répète, *vous n'êtes pas cette nature persécutée.* Ce qui signifie que ses incessants chagrins, peurs et anxiétés ne font pas partie non plus de votre vraie nature. Cette découverte spirituelle est le tremplin qui vous permet d'accéder à la liberté. Toutefois, il est ironique de constater que cette même découverte est aussi l'une des plus déroutantes pour quiconque cherche à se libérer. La question suivante se pose invariablement. Comment peut-on dire, quand la souffrance semble si réelle, qu'elle ne l'est pas? Examinons cette question d'un autre point de vue.

La douleur psychologique que vous ressentez n'est pas *votre* douleur. Elle résulte de la collision inévitable entre vos idées inconscientes de vous-même et la réalité. Voici un exemple qui vous aidera à saisir ce point.

Jetez une pierre dans un ruisseau et elle produira une friction. L'eau doit couler autour de la pierre. *Vous* êtes le ruisseau et *non* la pierre. De même que le ruisseau saurait, s'il pouvait sentir, que la friction de son courant ne lui appartient pas, mais est due à la présence de la pierre, vous aussi pouvez comprendre que la douleur que vous ressentez ne vous appartient pas, mais appartient aux *concepts erronés sur vous-même auxquels vous vous accrochez.*

Imaginez maintenant que cette même pierre s'efforce de modifier le cours du ruisseau afin qu'il coule *dans la direction qu'elle désire!* Cela vous paraît familier? Vous créez le même conflit quand vous voulez que les gens et les événements aillent dans la direction de votre choix. Maintenant vous savez pourquoi vous vous sentez las. Cette image prouve clairement qu'il existe une autre façon de vivre.

COULEZ AVEC LE MOMENT PRÉSENT DANS LA PLÉNITUDE DU LIBRE ESPRIT

Voici un exercice d'une valeur incommensurable. Voyez ces nouvelles instructions comme une sorte d'agent nettoyant spécial, *mais non* comme une façon de vous améliorer. Je m'explique.

Quand nous lavons une fenêtre afin de mieux voir au-dehors, nous n'améliorons pas le paysage coloré que nous pouvons désormais voir clairement. Nous enlevons simplement ce qui nous empêche d'apprécier un paysage qui a toujours été là. Voilà exactement ce que l'exercice suivant fera pour vous. Bientôt, vous verrez que toutes vos souffrances ne sont que des poussières qui vous bouchent inutilement la vue. Appréciez votre vision nouvelle et claire.

Commencez par laisser tomber tout ce qui ne fait pas partie de la perfection du moment présent. Efforcez-vous consciemment de vous débarrasser de tous les sentiments et pensées intransigeants qui ne font pas partie de ce qui se passe naturellement et spontanément *maintenant*. Afin de mieux discerner ce qui appartient au moment présent et ce qui ne lui appartient pas, faites le lien entre le principe suivant et tout ce que vous avez appris dans le présent chapitre.

Tout naît dans le moment présent, mais tout ne doit pas nécessairement y rester. Cela signifie que nulle tristesse ne constitue un élément naturel ou nécessaire du moment présent. Pour que le découragement puisse subsister, il doit être apporté dans le présent par une personne qui s'accroche à son idée du bonheur même si les changements provoqués par la vie ne coopèrent pas avec cette idée. Ce qui nous amène au point clé de notre leçon: *même si un conflit peut surgir brièvement dans le moment présent, il ne peut y subsister davantage que le ruisseau peut transporter l'impression d'une pierre située dans son courant.*

S'il y a des frictions dans notre vie, cela prouve que nous nous accrochons à des croyances limitatives qui ne peuvent faire partie de notre liberté. Les souffrances psychologiques avec lesquelles nous vivons sont celles que nous refusons d'abandonner. La seule raison qui nous empêche de renoncer à ces idées erronées à propos de nous-mêmes tient au fait que nous croyons encore fortement que nous sommes ce que nous croyons être. Or rien n'est plus faux. Nos idées sur nous-mêmes ne sont que des concepts incomplets, de même que l'identité confuse et tempo-raire qu'elles nous confèrent. Renonçons à ces concepts et nos souffrances disparaîtront.

Voilà le pouvoir du moment présent. *En demeurant dans son royaume incorruptible, nous nous éveillons à la vérité de ce que nous sommes vraiment en observant constamment ce que nous ne sommes pas.* Nul besoin de compliquer cette idée comme l'illustre claire-ment ce qui suit.

Vous n'êtes pas votre peur. Vous n'êtes pas vos inquiétudes. Vous n'êtes pas votre colère. Vous n'êtes pas vos doutes. Vous n'êtes jamais ces nuages de pensées ou de sentiments qui vous traversent et obscurcissent le ciel du moment présent. Tandis que vous bai-gnez dans la lumière de cette compréhension de soi accrue et vous sentez envahi par une nouvelle force qui émane d'au-delà de l'es-prit, une autre découverte vous attend.

Être de plus en plus conscient du moment présent et parfait, c'est comme s'éveiller à sa vraie nature qui est le libre esprit. *Tous deux sont une seule et même chose.* Votre vie et le *présent* éternel sont une seule et même *vérité*. Et si vous *savez* que votre vraie nature se renouvelle à chaque instant, vous savez aussi que vous n'avez plus jamais besoin de souffrir à cause de ce que vous êtes — ou n'êtes pas. Sachez-le!

À vous maintenant de faire l'expérience des pouvoirs contenus dans ces principes concernant la perfection du moment présent.

À titre d'exercice supplémentaire, copiez les dix prochaines pensées sur une feuille de papier. Puis, réécrivez chacune d'elles *dans vos propres mots.* Cet exercice mental vous aidera à passer du monde de ces préceptes supérieurs à une compréhension nouvelle de vous-même qui vous permettra de voir enfin que vous n'avez plus jamais besoin de souffrir.

1. N'hésitez jamais à mettre en doute les pensées qui vous disent que vous n'avez pas besoin de les mettre en doute.

2. Nous nous libérerons des liens qui nous retiennent quand nous aurons dépassé le besoin de vivre de constants conflits.

3. Ce que vous êtes vraiment n'a rien à voir avec votre conception de vous-même.

4. Osez mettre de côté pour un instant ce que vous voulez de la vie et regardez ce que la vie vous donne vraiment.

5. Tant que vous n'avez pas fait l'expérience directe de la *vérité* d'une chose, vous pensez la connaître ou posséder ses pouvoirs, mais tout ce que vous possédez vraiment est une pensée au sujet d'une autre pensée et aucune de ces pensées n'est la chose ni son pouvoir.

6. Rechercher *un sentiment de permanence* dans ce qui est temporaire engendre de la frustration, de la colère et un sentiment ultime d'échec.

7. L'esprit du moi adore sentir qu'il n'est pas à la hauteur afin de pouvoir imaginer ce que serait la vie sans ces sentiments pénibles.

8. Voyez que la comparaison de soi-même ne sert à rien d'autre qu'à engendrer un conflit en soi, puis observez la disparition de cette forme douloureuse d'intérêt personnel.

9. Faites appel au pouvoir du moment présent et parfait pour vous ancrer dans un monde où vous pouvez voir que toute souffrance est une pierre dans le ruisseau de votre vrai moi.

10. Éveillez-vous aussi souvent que vous le pouvez et revenez consciemment à la tutelle protectrice et à la permanence du moment présent et parfait.

Chapitre 9

Le secret d'un véritable recommencement

Un jour, on annonça la tenue d'une série ouverte de marathons et de courses à pied comprenant diverses distances et divers degrés de difficulté. Toutes les personnes désireuses de se mesurer à la course, à la montre ou à d'autres participants étaient invitées à se disputer des prix fabuleux ainsi que la reconnaissance nationale dévolue au meilleur athlète de sa catégorie.

Notre héros brûlait d'impatience. Il s'était imposé un entraînement long et difficile et se sentait plus que prêt. Quelles que soient les difficultés, il était certain de l'emporter sur ses adversaires.

Enfin, le jour J arriva. Des milliers d'hommes et de femmes bien entraînés allaient et venaient dans des ensembles de toutes les couleurs de l'arc-en-ciel. Au centre du stade, dix ou quinze bannières indiquaient l'emplacement des lignes de départ. Au milieu de l'excitation croissante et de la confusion des coureurs qui déambulaient en tous sens pour trouver l'endroit où avait lieu leur compétition, notre héros avait l'impression de se trouver dans une machine à laver au cycle de l'essorage.

Soudain, un coup de fusil annonça le signal du départ. Sans même se rendre compte de ce qui lui arrivait, il était lancé dans la course de sa vie.

Toutes ses années de dur labeur devaient maintenant porter fruit et il se mettait au défi d'atteindre une réussite inégalée. Il se montra à la hauteur de la situation. Il dépassa ses adversaires un à un tandis que le temps semblait se fondre dans le rythme saccadé de sa respiration. Puis, comme venus de nulle part, les cris de la foule en liesse résonnèrent de plus en plus fort à ses oreilles. Il sut qu'il approchait de la ligne d'arrivée. Dans un ultime effort, il dépassa la barrière invisible qui fait d'un athlète le vainqueur et de tous les autres, de simples coureurs.

Pour une raison ou une autre, le poids du ruban de la ligne d'arrivée qui s'étirait et se rompait sur sa poitrine le surprit. On aurait dit du velours et la sensation légère et étrange captiva son attention. Quelques secondes plus tard, le bruit des cris et des applaudissements rompit l'enchantement et le ramena à la douleur qu'il ressentait dans les jambes. Il avait réussi! Il avait gagné!

Il se mit à sauter, les bras en l'air, attendant que la foule l'entoure. Mais la foule se déplaçait dans une direction opposée. La seule personne qui venait vers lui était un responsable à l'air grave.

— Monsieur, demanda-t-il, pourquoi sautez-vous en l'air?

— J'ai gagné la course, lâcha l'athlète tout en cherchant son souffle. Cette question l'étonnait.

— Je regrette, monsieur, répondit le responsable qui faisait un effort manifeste pour être gentil.

— Que dites-vous? demanda le coureur, qui s'efforçait de contenir l'affolement qui le gagnait. J'ai traversé la ligne d'arrivée le premier!

Le responsable prit une profonde inspiration avant de parler. Il avait déjà eu affaire à ce type de colère et il savait qu'il devait annoncer la nouvelle aussi doucement que possible.

— Monsieur, vous portez un pull rouge et cette course était destinée aux coureurs vêtus de *bleu*. J'ai bien peur que vous n'ayez participé à la mauvaise course.

Quel choc! Notre héros était incroyablement déçu, mais il ne se laissa pas démonter. Il retourna aux lignes de départ pour recommencer à neuf. Tout en secouant les bras et les jambes, il sentait une nouvelle énergie l'envahir tandis qu'il se voyait gagner la prochaine course. Quelques instants plus tard, un autre signal retentit et notre homme s'élança.

Une autre course âprement menée. De nouveau, il fut le premier à franchir la ligne d'arrivée. Mais comme dans une scène tirée d'un mauvais film, un autre responsable vint vers lui pour lui annoncer que la course qu'il venait de gagner était réservée aux personnes âgées de quarante-cinq ans ou plus. Le bénévole baissa les yeux sur l'insigne de coureur et vit qu'il n'avait que quarante-trois ans. Mais comme il se sentait vieux!

Sans arrêt, le héros de notre histoire participa à toutes les courses de ce jour-là, aiguillonné par les visions de sa victoire. Encore et encore, il fut le premier à franchir la ligne d'arrivée pour s'entendre dire qu'il n'avait pas gagné cette course-là non plus. Enfin, un des responsables vint vers lui et lui dit: «Rude journée, n'est-ce pas?»

Trop fatigué pour sourire même à cette constatation fort en dessous de la vérité, notre héros se contenta d'opiner du chef et de dire: «Je ne comprends pas pourquoi cela m'arrive.»

Le responsable ne put que le regarder avec sympathie, puis il dit: «Monsieur, si vous ne vous placez pas à la bonne ligne de départ, comment pouvez-vous vous attendre à gagner une course?»

La morale de cette histoire renferme une leçon de vie précieuse mais facile à oublier. Son message supérieur touche toutes les facettes de notre vie, mais est particulièrement significatif en ce qui concerne notre réussite à nous libérer des liens qui nous retiennent. Comme notre prochaine leçon le mettra en évidence: *il ne peut y avoir d'heureux dénouement sans un bon départ.*

LA LIGNE DE DÉPART SECRÈTE DE TOUS LES DÉNOUEMENTS HEUREUX

Songez à toutes les lignes d'arrivée que vous avez franchies dans votre vie en pensant que vous étiez le gagnant incontesté de la course. En voici quelques-unes:

1. «Ils ont dit que j'étais excellent!»

2. «Elle m'a dit qu'elle m'aimait!»

3. «J'ai conclu une bonne affaire!

4. «Enfin, je possède ce que j'ai toujours voulu!»

5. «Enfin, la crise est terminée!»

6. «J'ai réussi alors que tout était contre moi!»

7. «Maintenant, je sais que je suis bon et sage.»

Puis vient le moment inopportun, cruel ou inattendu où vous entendez, sous une forme ou une autre, à l'intérieur de vous ou dans la bouche de quelqu'un d'autre: «Désolé, mais tu as participé à la mauvaise course!»

Peut-être alors découvrez-vous que:

1. La personne qui dit vous aimer n'aime en fait que l'idée d'être amoureuse, idée qu'elle doit sans cesse renouveler avec de nouvelles amours.

2. La bonne affaire que vous avez conclue fait lentement de vous une personne que vous n'aimez pas.

3. La crise que vous croyiez résolue une fois pour toutes commence à renaître de ses cendres.

Dans chacune de ces occasions incroyables, la victoire vous est enlevée brusquement, comme ce fut le cas pour le coureur de notre histoire. Tout ce qui vous reste est un serrement de cœur.

Jusqu'ici, tout ce que nous savions faire dans ces moments d'échec, c'était tenter de nous ressaisir, de sauter dans une autre course en espérant que les choses iraient mieux. Or notre étude du libre esprit démontre que nous n'avons pas besoin de nous contenter d'espérer un heureux dénouement. Nous pouvons faire mieux, beaucoup mieux. Notre réussite dans n'importe quelle course de la vie est plus qu'assurée si nous comprenons comment recommencer à neuf.

Aucune ligne de départ ne peut être plus vraie que celle que nous donne la conscience du moment présent.

Cette réalité amicale nous dit que la direction de notre vie, notre véritable destinée, *est déterminée par le niveau de conscience* que nous apportons à chacun de nos pas. Les deux exemples qui suivent prouvent la véracité de cette notion au-delà de toute logique.

Personne ne pose un geste précipité *s'il sait* que ce geste le conduira à l'échec. De même qu'aucun homme ou femme n'agirait sous l'impulsion de la colère s'il *savait* que la voie qu'il vient de choisir n'entraînera que des regrets.

Ces vérités parlant d'elles-mêmes, nous devons nous poser la question suivante: «Quelle force est à l'origine de ces fausses lignes de départ? Comment notre conscience peut-elle être aveuglée au point que nous ne puissions voir qu'une action engendrée par l'inquiétude ne nous conduit pas à une vie exempte d'inquiétude, mais seulement au pied d'un volcan actif appelé anxiété croissante?»

Nous devons à tout prix comprendre l'entière signification du fait que l'esprit du moi et son mode de pensée habituel sont orientés non sur le commencement, *mais sur le résultat des choses.* Un examen de conscience rapide sous forme de questions honnêtes permettra d'étayer cette idée.

Ne passons-nous pas notre temps à nous inquiéter de ce que sera notre vie demain? N'est-il pas vrai que nous imaginons sans arrêt ce que sera notre vie une fois que nous aurons gagné ceci ou réussi cela? Ne marchons-nous pas constamment, en imagination, vers un moment plus lumineux en songeant au bien-être que nous ressentirons quand nous aurons résolu une situation épineuse?

Nous sommes trahis chaque fois que nous nous lançons dans un périple mental, émotionnel ou physique, en gardant les yeux fixés sur *l'endroit où nous croyons aller* au lieu *d'être conscients de l'endroit où nous nous trouvons.* Le *véritable commencement* que nous avons cherché toute notre vie se trouve dans la pleine conscience de l'endroit où nous nous trouvons, qui englobe l'observation vigilante de tous nos états mentaux et émotionnels. Voyez-vous pourquoi?

Nous n'avons pas à nous inquiéter de l'heureuse issue de toutes nos histoires si nous sommes assez éveillés pour refuser tous les débuts malheureux. Le libre esprit le sait: *si nous sommes présents au vrai commencement des tâches ou périples qui nous attendent, leur dénouement viendra tout seul.*

Trois façons secrètes de recommencer votre vie à zéro

Voici trois nouveaux départs qui vous placeront à l'endroit voulu pour abandonner à jamais vos vieux choix autodestructeurs.

1. Chaque fois que vous vous trouvez face à face avec un homme ou une femme qui vous intimide, osez prendre un nouveau départ en *agissant envers cette personne exactement comme vous le voulez et non comme vous pensez qu'elle veut que vous agissiez.*

Tout en demeurant aimable et authentique, adressez-vous à cette personne comme si vous étiez complètement libre de dire ce que vous ressentez, car vous l'êtes. Vous n'avez pas à vous soucier de ce que l'on pense de ce que vous avez à dire. Aussi, laissez aller ce faux souci.

Ce geste d'indépendance fort personnel vous fera sans doute trembler. C'est très bien. Et même si vos tremblements sont visibles, continuez. Ce vrai départ démontrera que la cause de vos dénouements malheureux avec les autres ne réside *jamais* dans ce qu'ils exigent de vous, mais bien dans les exigences impossibles et conflictuelles que vous vous imposez: vous voulez être aux commandes de votre vie tout en faisant plaisir à tous ceux qui vous le demandent.

2. La prochaine fois que vous ressentirez un conflit ou de la confusion dans une situation incertaine et persistante, osez prendre le nouveau départ suivant: *refusez de céder à toute impulsion intérieure qui vous pousse à simplement «classer l'affaire».*

Opposez-vous délibérément aux pensées et sentiments bruyants qui vous incitent à rechercher la paix de l'esprit ailleurs qu'en vous-même. Ce vrai départ vous aidera à voir que c'est *à l'intérieur de vous* que le conflit doit se terminer. Ne cherchez nulle part ailleurs!

Aucune décision brusque ou désespérée prise dans une situation de conflit ne peut chasser votre anxiété parce que la peur d'opérer le mauvais choix fait partie de tout conflit et que cette peur est la cause de votre anxiété et non son remède.

3. Chaque fois que l'on vous critique ou vous corrige, osez prendre le nouveau départ suivant: *luttez contre votre tendance à vous défendre.*

Au lieu de résister avec véhémence à des propos que vous ne voulez pas entendre sur vous-même, *écoutez* ce que l'on vous dit. Ce vrai départ vous donne la chance de voir ce que vous devez voir sur vous-même. Voici une ligne de conduite qui vous permettra d'évaluer les moments comme ceux-là. Plus vous résistez à ce qu'on vous dit, plus vous avez besoin d'entendre ces mots-là. Aussi, évitez de critiquer en retour, à haute voix ou dans votre barbe. Si vous vous lancez dans une querelle, vous avez déjà perdu la partie.

Rappelez-vous qu'il y a toujours quelque chose à apprendre des propos cuisants proférés à votre égard, ne serait-ce que de découvrir que vous vous laissez encore désarçonner par l'ombre de votre image faussement impénétrable.

LA VICTOIRE DU MOMENT PRÉSENT

Le fait que nous pensons ou espérons que la destination que nous envisageons sera supérieure à notre position actuelle explique pourquoi nous nous trouvons encore à l'endroit où il nous faut espérer des lendemains meilleurs.

Avant de pouvoir modifier notre destination et accéder à l'univers supérieur auquel nous aspirons, avant même de pouvoir nous lancer dans cette nouvelle direction qui conduit à la libération, nous devons *prendre conscience* des étapes que nous propose une nature qui nous pousse sans cesse vers le bas. C'est pourquoi je vous invite fortement à lire la section suivante du présent chapitre comme si elle contenait les clés dont vous avez besoin pour modifier votre destinée, car elle les contient.

C'est *maintenant* que nous devons terrasser notre nature inférieure, l'esprit du moi, et entrer en contact avec le libre esprit, ou *jamais.* L'exploration patiente de cette idée s'avérera précieuse pour nos recherches intérieures.

Votre vraie nature se confond avec la perfection du moment présent. En d'autres termes, nous pouvons aussi dire que le *maintenant* est notre nature céleste, notre vraie maison. Et parce que le *maintenant* est toujours nouveau, votre vraie nature est toujours nouvelle, ce qui veut dire que *ce que vous êtes vraiment* et le *maintenant* sont une seule et même réalité.

Ces révélations démontrent que notre maison la plus intime existe dans un état de création constante, un monde secret enfermé dans un processus dynamique de construction et de destruction perpétuelles, vivant et mourant pour revivre à nouveau. Tout cela se passe *maintenant*. Les répercussions incroyables de cette découverte intérieure ouvrent la voie aux préceptes et aux pouvoirs dont nous avons besoin pour nous transformer vraiment. Examinez de près les deux principes clés suivants.

Le moment présent, qui est parfait, est à la fois le germe de *ce que vous êtes et votre expérience du maintenant.*

De même que vous ne pouvez séparer *ce que vous êtes* de votre expérience du *maintenant,* vous ne pouvez séparer le *maintenant du moment où la transformation se produit.* Les deux sont identiques. Ce paragraphe renferme un message spirituel quand on sait où le trouver, mais les phrases qui suivent nous livreront son secret.

Vous ne pouvez mettre un terme au conflit plus tard. Vous ne pouvez pas non plus être triste, cruel, en colère, effrayé ou anxieux plus tard. Comprenez ceci aussi clairement que possible: *le futur n'existe pas dans la réalité.*

La notion de «plus tard» n'a de mérite que pour l'esprit du moi. Ce faux concept du temps lui permet de créer un autre vous à un autre moment où, selon *ses* prédictions, vous serez plus sage, plus fort et en général supérieur. Mais le libre esprit sait qu'afin d'expérimenter le miracle de la vraie transformation intérieure, de passer à un niveau de vie supérieur, vous ne devez plus penser en termes de *ce que vous serez la prochaine fois.*

Le libre esprit comprend, comme nous devons le faire, que toute transformation de sa nature est immédiate: *elle se produit maintenant.* Ou pas du tout. C'est pourquoi il est impérieux qu'à chaque instant de votre vie, vous compreniez que seul ce que vous faites dans le *moment présent* contient le germe du changement.

Dans la beauté et le mystère infinis de ce qu'est le *maintenant*, ce même germe du changement est aussi le germe d'un nouveau moi. Je m'explique. *Si vous décidez de changer dès maintenant, vous n'aurez plus à vous soucier d'être différent la prochaine fois!*

En fait, choisissez de changer *maintenant* et vous ne vous soucierez plus jamais d'être meilleur la prochaine fois. Voici pourquoi. Votre choix conscient d'effectuer une véritable transformation dans le moment *présent* neutralise automatiquement votre besoin d'être meilleur dans un futur meilleur. *Tout ira mieux pour vous maintenant,* le seul temps qui compte vraiment!

UTILISEZ LE POUVOIR DU MOMENT PRÉSENT POUR VOUS TRANSFORMER

Exercez-vous à chaque instant à demeurer éveillé et à observer toutes les occasions que vous offre votre *maintenant*. Que tous vos efforts soient personnels, pratiques et ciblés. Si votre travail intérieur ne transforme pas toute votre vie en une expérience plus détendue, étonnante et qui élève l'âme, c'est que vous rêvez au lieu de changer.

Pour vous aider à démarrer le processus important qui consiste à utiliser le pouvoir du moment présent pour vous transformer, le reste du présent chapitre met en lumière les innombrables occasions qui s'offrent à vous chaque jour d'*être libre maintenant*.

La liste qui suit vous indique, de trente façons différentes, comment votre conscience du pouvoir du *maintenant* peut transformer chaque moment difficile de la vie en un nouveau départ. Si vous apprenez à mettre ces moments à profit, vous vous transformerez vraiment, ce qui revient à dire que vous serez aux commandes de votre destin.

Voici un petit encouragement supplémentaire. Les efforts que vous faites pour comprendre ces importantes leçons contribuent à intégrer leurs révélations à votre nature en évolution. Plus vous vous éveillerez à cette vie supérieure qui vibre en vous, plus vous attirerez naturellement des événements supérieurs et plus heureux. Les étapes manquées n'existent pas quand sa destination finale est la transformation de soi.

TRENTE CLÉS POUR MODIFIER VOTRE DESTINÉE

1. C'est le moment, maintenant, de *sortir de la course et d'entrer dans votre vie.*

    Pensée spéciale: Osez ralentir. Ralentissez, tout simplement. Voici comment. Voyez que, même s'ils se déplacent à des milliers de kilomètres à l'heure, les pensées et les sentiments d'anxiété *ne vous conduisent nulle part.* Pour trouver ce qui est éternel, osez vivre comme si vous aviez tout votre temps. Sortez de la précipitation. Faites-le *maintenant.*

2. C'est le moment, maintenant, de *prendre votre vie en main.*

    Pensée spéciale: Votre attitude envers ce que la vie vous apporte est une expression directe de *ce que vous êtes.* Et *ce que vous êtes* se confond parfaitement avec ce à quoi vous attachez secrètement de l'importance. Pour prendre votre vie en main, vous devez voir que *vous éprouvez tel ou tel sentiment parce que vous estimez ce que vous faites.*

3. C'est le moment, maintenant, de *refuser de faire des concessions quant à votre vraie nature.*

    Pensée spéciale: Laissez tomber toute pensée ou action qui entraîne un conflit dans le moment présent en promettant un meilleur sentiment à venir. Votre vraie nature est *maintenant. Le futur n'existe pas.* Vous ne pouvez pas être à la fois divisé et satisfait. Choisissez d'être complet. Commencez par refuser consciemment de faire des concessions quant à votre vraie nature.

4. C'est le moment, maintenant, de *vous rappeler que vous n'êtes pas seul au monde.*

    Pensée spéciale: Même si vous en avez l'impression, vous n'êtes pas le seul à souffrir! C'est pourquoi vous ne devez pas craindre de bien regarder un autre être humain. Cela vous aidera à moins vous soucier de *ce que vous ressentez à l'égard de vous-même* et vous en éprouverez un soulagement bienvenu. Rappelez-vous que vous n'êtes pas seul au monde.

5. C'est le moment, maintenant, d'*aller au-delà du mieux que vous croyez pouvoir faire.*

Pensée spéciale: N'importe qui peut faire comme tout le monde, c'est-à-dire le minimum pour obtenir le maximum. Faites plus que cela. Faites le pas que vous êtes certain de ne pas pouvoir faire. Vous verrez que le «vous» qui s'en croyait incapable *n'était qu'une pensée.* Comprenez ceci. Puis allez au-delà de vous-même.

6. C'est le moment, maintenant, de *comprendre qu'on ne gagne rien à blâmer.*

Pensée spéciale: Si vos chaussures vous font souffrir parce qu'elles sont lacées trop serré, vous n'allez pas vous plaindre qu'on vous a forcé à les enfiler. Alors pourquoi blâmer un autre quand ce sont *vos sentiments qui vous font mal?* Si le fait de ressentir des émotions pénibles signifie que *vous* devez en supporter la pression, ayez l'audace de les laisser tomber. Vous vous sentirez beaucoup mieux. Le blâme ne rapporte rien que de la douleur.

7. C'est le moment, maintenant, d'*avoir un esprit léger.*

Pensée spéciale: Le cœur se serre quand la pensée dit que les choses ne sont pas comme elles devraient être. Mais *votre vraie nature* n'est ni pensée ni émotion. Elle est *esprit.* Et votre esprit a toujours le cœur léger. Il est trop sage pour se chercher ou se trouver dans une sombre pensée. Regardez la vie à travers ses yeux. Ayez un esprit léger.

8. C'est le moment, maintenant, de *descendre de votre trône de juge.*

Pensée spéciale: La chose la plus facile au monde est de marcher en éprouvant un sentiment inconscient de supériorité par rapport à tous ceux que l'on rencontre. Mais qu'est-ce qui vous sert de mesure? Un esprit critique? Un esprit porté à juger? Quel type de personne doit regarder les autres de haut pour se convaincre de sa supériorité? Descendez de votre trône de juge.

9. C'est le moment, maintenant, de *faire face à vos peurs.*

Pensée spéciale: Les situations instables n'existent pas, de sorte que chaque fois que vous vous mettez à trembler, n'en cherchez pas la raison *autour de vous: regardez en vous.* C'est le sol sur lequel vous vous tenez intérieurement qui n'est pas solide. Toute faiblesse que l'on affronte en regardant dans cette nouvelle direction devient le fondement d'une nouvelle force. Faites face à vos peurs. Vous vous en libérerez.

10. C'est le moment, maintenant, d'*aider quelqu'un d'autre à s'élever.*

Pensée spéciale: Un moi séparé, cela n'existe pas. Aussi, tout ce que vous faites pour encourager une autre personne à faire mieux, à aller plus loin, vous hisse un peu plus haut. Donnez-vous une poussée vers le haut. Soyez gentil même si ce n'est pas ce que vous ressentez dans le moment. Cela viendra. Aidez une autre personne à s'élever.

11. C'est le moment, maintenant, de *laisser aller tous vos ressentiments.*

Pensée spéciale: Voyez que votre attachement à une blessure ou à la haine qu'ont entraînée les actions passées d'autres personnes fait de vous leur esclave *ici et maintenant.* Est-ce bien ce que vous souhaitez? Apprenez à demander quelque chose de nouveau en refusant de revivre ce qui vous déchire. Cette requête supérieure vous libérera de vos ressentiments brûlants.

12. C'est le moment, maintenant, de *faire ce qui est vrai peu importe les conséquences.*

Pensée spéciale: Quand vous choisissez ce qui est vrai malgré la peur de ce qu'il peut vous en coûter, vous vous donnez une vie exempte de peur. Rien de ce que vous craignez de perdre ne peut être la source de votre absence de peur. Faites ce qui est vrai sans égard aux conséquences. Tout ce que vous risquez de perdre, c'est votre peur.

13. C'est le moment, maintenant, de *laisser le vide se remplir de lui-même.*

Pensée spéciale: Rien de ce que vous avez fait jusqu'ici n'a réussi à combler le vide que vous ressentez intérieurement. Aussi, *cessez de vous donner des choses vides à faire. Laissez l'espace vide* afin qu'il puisse *se remplir de lui-même,* ce qu'il veut faire de toute façon, avec une chose que vous ne pouvez vous donner vous-même: *la fin de votre sentiment de vide.* Restez en dehors de cela. Ne comblez pas votre vide. Laissez-le se remplir de lui-même.

14. C'est le moment, maintenant, de *cesser d'expliquer ce que vous êtes aux autres.*

Pensée spéciale: La seule différence entre votre besoin d'expliquer sans cesse votre vie aux autres et le sentiment que vous devez vous excuser d'être en vie réside dans le fait que, pendant que vous vous expliquez, vous avez au moins l'impression que vous avez une bonne raison d'être excusé. Vous n'avez pas besoin de vous expliquer à qui que ce soit. Cessez *maintenant.*

15. C'est le moment, maintenant, de *rire au nez de l'échec.*

Pensée spéciale: L'échec n'est rien d'autre qu'un mauvais souvenir. Et aucun souvenir n'est animé d'une *vraie* vie. Ce qui signifie que les seules fois où vous devez ressentir la douleur de l'échec sont celles *où vous le demandez* en vous laissant aller à des pensées troublantes sur une perte *passée*. Vous pouvez rire au nez de l'échec. Restez dans le moment présent. Apprenez à rire *maintenant*.

16. C'est le moment, maintenant, de *suivre ce que vous aimez*.

Pensée spéciale: Faites passer ce que vous aimez avant tout. Le reste de votre vie prendra soin d'elle-même parce que *l'amour trouve toujours une façon*. L'amour ne tient jamais compte de la peur. Et en prenant l'amour comme guide, votre succès dans la vie est assuré puisque sa nature *est déjà* le prix parfait. Suivez ce que vous aimez. Vous êtes certain de trouver le bonheur.

17. C'est le moment, maintenant, de *recommencer votre vie à zéro*.

Pensée spéciale: Vous pouvez recommencer votre vie à zéro quand vous le voulez. Et vous pouvez prendre autant de nouveaux départs que vous êtes prêt à laisser derrière vous *toutes vos idées sur vous-même*. Voilà ce que signifie recommencer à zéro. La vie peut seulement être aussi neuve que *vous choisissez de l'être*. Réveillez-vous. Recommencez votre vie à neuf *maintenant*.

18. C'est le moment, maintenant, de *garder la tête haute*.

Pensée spéciale: Même si toutes vos pensées vont vers le bas, ordonnez à votre tête de ne pas tomber. Tout en obéissant, elle donnera un message à votre cerveau: «Courage!» Votre tête aidera ainsi vos yeux à regarder vers l'avant afin de voir, enfin, que vos pensées sont souvent aveugles. *Gardez la tête haute*. La conscience aime les hauteurs. Suivez-la!

19. C'est le moment, maintenant, de *lâcher prise*.

Pensée spéciale: Vous avez essayé de tout faire vous-même et jusqu'ici, votre spectacle avait plutôt des allures de cauchemar ponctué de quelques intermèdes divertissants! Remettez votre vie entre les mains d'une force supérieure. *Renoncez à diriger votre spectacle.* Puis observez le dénouement heureux qui se produira bientôt.

20. C'est le moment, maintenant, de *cesser de regarder en dehors de vous-même.*

Pensée spéciale: Votre vie est complète dans la mesure où vous l'êtes. Ni plus ni moins. Chercher un sentiment de plénitude dans ses relations, dans son travail ou même dans les événements heureux, c'est comme tenter de coller un sourire sur son reflet dans le miroir *tout en continuant de froncer les sourcils.* Pour être complet, il faut d'abord comprendre, *puis* sentir. Cessez de chercher en dehors de vous-même. Cherchez la compréhension. Cherchez-la *en vous.* Le sentiment suivra.

21. C'est le moment, maintenant, de *prendre votre vie en main.*

Pensée spéciale: Vous ne pouvez trouver de la satisfaction dans la peur de déplaire aux autres. Tenir compte de *l'opinion des autres* à l'égard de ce que l'on veut dans la vie et *modifier la sienne en conséquence,* c'est comme croire que l'on peut ressentir la chaleur de son pull même si c'est un autre qui le porte! Le seul vrai plaisir découle du fait de *savoir* que l'on est aux commandes de sa vie. Prenez-les *maintenant.*

22. C'est le moment, maintenant, de *mettre votre vie en parfait ordre.*

Pensée spéciale: L'océan n'existerait pas sans les gouttes de pluie. La rivière coule vers la mer parce que chaque ruisseau trouve son cours et l'alimente. *Un certain ordre règne sur toutes choses.* Le puissant naît de ce qui est petit et le petit n'est plus petit. Rappelez-vous, chaque jour de votre vie, qu'il existe *déjà* un ordre. Laissez-vous porter par le courant. Et vous verrez que vous n'êtes plus petit.

23. C'est le moment, maintenant, de *plonger dans la bataille.*

    Pensée spéciale: La vraie force est la fleur de la sagesse, mais sa semence est l'*action*. Pour apprendre, vous devez plonger dans la bataille. Ne craignez rien. Vous ne pouvez pas être blessé dans *cette* bataille-*là*. Toute faiblesse que l'on affronte volontairement permet d'*accueillir une force supérieure*. Ne laissez jamais votre peur vous empêcher d'accéder à cette nouvelle force. Plongez dans la bataille *maintenant!*

24. C'est le moment, maintenant, de *découvrir la différence entre votre cœur et votre tête.*

    Pensée spéciale: Vous ne pouvez trouver le bonheur en y réfléchissant, mais une seule pensée sombre suffit à vous déprimer. Les émotions positives et lumineuses naissent dans le cœur. Les sentiments lourds ne peuvent exister sans la présence de pensées négatives. Cela veut dire que *la tristesse n'est qu'un mauvais tour de l'esprit*. Pour percer votre tristesse, faites la différence entre la tête et le cœur.

25. C'est le moment, maintenant, de *lever les yeux!*

    Pensée spéciale: Une lampe sans ampoule est aussi inutile qu'un seau sans fond. De même, cette vie est vide sans sentiment du sacré. Le divin est toujours présent. Pourquoi attendre de toucher le fond avant de lever les yeux? On peut toujours avoir un aperçu de ce qui est supérieur, mais il faut se rappeler de regarder dans la bonne direction. Levez les yeux! Regardez *maintenant*.

26. C'est le moment, maintenant, de *terminer une tâche.*

    Pensée spéciale: Peu importe la charge de travail qui vous incombe, *terminez une tâche!* Puis encore une. Mettez consciemment de côté tout autre souci. Faites ce qui est en votre pouvoir. *Refusez de vous occuper de ce qui ne l'est pas.* La plus belle tapisserie se compose de dix mille fils *individuels*.

27. C'est le moment, maintenant, de *vous calmer.*

   Pensée spéciale: La recherche frénétique d'une réponse ne fait qu'apporter des réponses frénétiques. N'ayez pas peur de vous calmer. *Il est bien de ne pas savoir.* Savoir que l'on ignore quoi faire, c'est se mettre en mesure d'*apprendre.* De même que vous pouvez voir plus loin par un jour ensoleillé, toute compréhension nouvelle s'épanouit dans un esprit tranquille. Calmez-vous *maintenant.*

28. C'est le moment, maintenant, de *séparer la réalité de la peur.*

   Pensée spéciale: La réalité d'un problème et la peur que l'on éprouve à son égard sont deux choses tout à fait différentes qui *ont l'air d'en être une seule.* Elles se confondent seulement dans la pensée selon laquelle l'une ne peut exister sans l'autre, ce qui revient à dire que l'on ne peut éprouver un frisson sans subir l'épreuve. La peur engendrée par une situation *n'a d'égale que vos exigences à l'égard de celle-ci.* Séparez la réalité de votre peur *maintenant.*

29. C'est le moment, maintenant, de *vous prendre sur le fait.*

   Pensée spéciale: Le problème avec les rôles que l'on joue tient au fait que *notre vie ne peut à la fois être un spectacle et être réelle.* La personne qui désire l'attention des autres et l'obtient grâce à son jeu n'est pas plus réelle que vous n'êtes aimant parce que vous souriez à votre reflet dans le miroir. La vie est réelle seulement *quand vous l'êtes.* Prenez-vous sur le fait. Puis laissez tomber.

30. C'est le moment, maintenant, de *savoir que le seul temps qui existe est le présent.*

   Pensée spéciale: Vous ne pouvez changer le type de personne que vous êtes plus tard. *Le futur n'existe pas.* C'est toujours maintenant ou jamais. Vous ne pouvez être gentil *plus tard.* Pas plus que vous ne pouvez apprendre *plus tard.* Mais même si vous avez parfois l'impression que vous ne pouvez recommencer votre vie à neuf, gardez cette vérité à l'esprit. Vous pouvez toujours *recommencer* à zéro. C'est *maintenant* que vous devez modifier votre destin!

REMARQUE À L'INTENTION DU LECTEUR

Aux lecteurs qui désirent redoubler d'efforts afin que ces enseignements leur apportent le triomphe intérieur d'une destinée supérieure, je conseille la ligne de conduite suivante.

Travaillez étroitement avec chacune de ces leçons sur le moment de changer. Consacrez-vous tout entier à *une seule* leçon pendant une journée complète au moins. Essayez de l'appliquer à toute occasion qui se présentera. Vous verrez que ces enseignements offrent une source de soutien bénéfique dans toute crise ou circonstance et dans toute relation.

Visez à demeurer éveillé dans le plus grand nombre de moments difficiles que vous le pouvez, ces moments où vous pouvez modifier votre destin *en choisissant de modifier la direction de votre vie intérieure dans l'instant présent.*

Un dernier mot: une seule réussite — avec *n'importe lequel* de ces exercices uniques — *et vous ne serez plus jamais le même.* Tout sera *nouveau* pour vous. Tant en ce qui touche votre victoire sur la nature temporelle de l'esprit du moi que votre nouveau savoir qui vous dit désormais que oui, vous *pouvez* modifier votre destin.

Chapitre 10

Gagnez la liberté ultime

Rarement connaissons-nous un besoin plus grand de tout recommencer à neuf que dans les moments d'hébétude où nous sommes déroutés par une perte. Mais pour des raisons encore inconnues, cette sensation indésirable — qui nous donne l'impression que la vie nous a arraché une chose que nous chérissons — n'est pas toujours reconnaissable. Bien des fois, la plupart du temps peut-être, aucun bruit sec n'annonce la chute à venir.

Le sentiment de perte peut être très subtil. Tellement subtil, en fait, que nous éprouvons souvent ce sentiment de vide sans même prendre conscience de la raison pour laquelle nous souffrons. Identifions quelques-uns de ces moments où nous ne soupçonnons nullement qu'un voleur nous a privés de quelque chose.

Nous éprouvons la douleur d'une perte:

1. Chaque fois que la moindre pensée nous traverse l'esprit concernant ce que nous aurions pu avoir, être ou faire dans notre vie.

2. Chaque fois que nous nous disputons avec quelqu'un.

3. Quand les autres ne voient pas la beauté ou l'intelligence de notre façon de penser.

4. Chaque fois que nous détectons le moindre changement négatif dans l'attitude d'une personne à notre égard.

5. Si quelqu'un laisse entendre que l'image agréable qu'il avait de nous n'est plus aussi lumineuse qu'autrefois.

Tout ce qui reste de ces événements autrement non détectés, qui nous désemparent sans que nous sachions pourquoi, est une peur inconsciente et invisible; un faible tremblement psychique qui teinte chaque facette de notre vie d'une timidité désagréable, née du soupçon névrotique que, d'une certaine façon, la vie conspire pour nous retirer quelque chose.

Mais la vraie vie ne cherche pas à se diminuer elle-même. Et nous participons de cet Être. La vie est évolution, enrichissement et réalisation de soi commençant avec l'esprit. Tout chagrin, toute douleur causée par une perte, fait partie de la vie *et de son évolution.* Considérer une perte comme *une fin,* c'est comme croire que les feuilles qui tombent à l'automne signifient la mort des arbres.

Manifestement, nous devons apprendre à voir notre vie sous un tout nouveau jour. Nous devons comprendre la façon de voir la douleur causée par une perte afin de ne pas en rester captifs, mais d'apprendre à collaborer avec la vie et à transformer nos pertes apparentes en leçons spirituelles, ce qu'elles sont censées être.

Heureusement, ce niveau de compréhension élevé existe déjà. Poursuivez votre lecture et découvrez comment faire disparaître la douleur causée par une perte et la transformer en germe de libération de soi. Recueillez tous les faits que je m'apprête à vous présenter et suivez-les jusqu'à ce que vous trouviez la liberté.

POURQUOI VOUS N'AVEZ PAS BESOIN DE VOUS APPROPRIER LA DOULEUR CAUSÉE PAR UNE PERTE

Le libre esprit n'est jamais dérouté par une perte. Mais ce n'est pas parce que cette nature supérieure évite de s'affoler chaque fois qu'une partie de notre vie ne répond pas à nos attentes qu'elle n'est pas concernée par notre bien-être ou s'en dissocie. Au contraire, les vraies joies de la vie sont les expressions naturelles et faciles de notre vraie nature. Mais ces joies pures ne nous appartiennent pas plus qu'un oiseau ne *possède* la liberté du vaste ciel dans lequel il s'élève.

Tout de même, beaucoup d'hommes et de femmes avec qui je me suis entretenu acceptent plus ou moins l'idée négative qu'être vivant signifie subir une perte ou une autre. Quand je discute avec des chercheurs spirituels de la possibilité d'apprendre à vivre sans la douleur de la perte, je me rends compte que cette idée les *attire et les effraie tout à la fois.*

Dans les discussions courantes comme celle qui suit, ces sentiments partagés provoquent toujours beaucoup d'énergie et créent un dialogue stimulant et bénéfique.

— Je dois reconnaître que la pensée de vivre sans souffrir à la suite d'une perte m'apparaît attrayante. Toutefois, l'idée de *ne pas* éprouver de sentiment de perte m'effraie aussi d'une manière que je n'arrive pas à décrire. Quelle personne serais-je si je ne souffrais pas lorsque je perds quelque chose — ou quelqu'un — qui m'est cher?

— Voilà une question très importante et son exploration patiente nous fournira une toute nouvelle perspective sur la nature de la perte. Toutefois, les questions délicates que soulève cette investigation exigent que nous mettions de côté nos sentiments intenses à l'égard de la perte et de la souffrance. Êtes-vous d'accord?

— S'il existe vraiment une façon de faire qu'une perte ne soit pas déchirante, je veux la connaître. Les moments les plus difficiles de ma vie ont toujours été ceux où j'ai appris que je venais de perdre quelque chose qui comptait pour moi ou que cette perte était imminente. Aussi, je veux apprendre. Par quoi commençons-nous?

— Par une question. Si vous voyez un inconnu chercher frénétiquement un objet qu'il a perdu, porterez-vous un intérêt réel ou personnel à ce qu'il a perdu?

— Je suppose que non. Mais où voulez-vous en venir?

— La première leçon a trait à l'idée de *possession*. La perte subie par la personne ci-dessus ne vous concerne pas parce que l'objet qu'elle a perdu *ne vous appartient pas.*

— D'accord, cela me paraît évident. Continuez, je vous en prie.

— Avant de pouvoir comprendre, puis écarter, la douleur et le sentiment de vide qui semblent toujours accompagner nos pertes comme des ombres, nous devons prendre conscience des mécanismes intérieurs qui créent notre sentiment d'attachement ou de possession. En d'autres termes, on ne peut étudier la nature de la perte sans explorer *l'idée de gain*. La perte et le gain sont les deux côtés d'une même médaille, de même que l'amour et la haine, la victoire ou l'échec. *Ce sont des contraires.* Voyez-vous qu'on ne peut avoir l'un sans l'autre? Quel pouvoir aurait l'idée autopunitive de l'échec sans son contraire gratifiant que nous appelons le succès?

— Cela m'apparaît évident. Mais vous semblez dire que si je gagne quelque chose dans la vie, je devrai, à un moment prédéterminé, renoncer à cette victoire qui ne peut exister sans l'échec. Est-ce le cas? Cela m'apparaît négatif!

— Non, ce n'est pas cela du tout. Croire que l'on doive souffrir simplement parce qu'on apprécie l'excellence, ou la présence des autres, c'est penser que l'on ne peut goûter la chaleur du soleil sans se brûler. Il n'en est rien. Pourtant, notre expérience prouve que nos sentiments globaux de perte équivalent *au moins* à nos sentiments d'avoir obtenu un gain pour nous-mêmes et peut-être plus, surtout si nous avons le courage de tenir compte des pertes invisibles décrites au début du présent chapitre.

— Oui, je pense que je dois être d'accord avec vous. Cette question de la perte, le peu que nous en comprenons, a des racines plus profondes que nous le croyons. Par exemple, je soupçonne qu'en dessous du chagrin véritable qui découle des pertes que j'ai déjà acceptées dans ma vie, se cache aussi la peur de perdre ce que je n'ai pas déjà perdu. Est-ce possible?

En outre, je soupçonne fort que cette peur invisible est pire que tout ce que je pourrais vraiment perdre parce que sa présence me pousse à me méfier de presque tout ce qui semble lumineux et prometteur. Je suppose que je ne veux pas souffrir *de nouveau* et cette peur de la perte m'empêche de saisir ouvertement de nouvelles occasions et de m'engager dans des relations stimulantes. Soit je ne leur donne pas ce que j'ai de mieux, soit je refuse carrément de m'y engager. Je sais que ce n'est pas bien.

Existe-t-il vraiment une façon de transformer ces pertes en quelque chose de dynamisant au lieu d'apprendre à vivre avec un sentiment fondamentalement autopunitif?

— Certainement! Prenons une étape à la fois. Nous nous apprêtons à faire une découverte très importante.

Imaginez un instant que vous possédez des lunettes magiques que vous pouvez porter chaque fois que vous croyez avoir perdu quelque chose. Puis, imaginez aussi que ces lunettes vous permettent de voir clairement que ce que vous croyiez avoir perdu ne vous appartenait pas. Quels seraient, d'après vous, les effets de cette nouvelle vision sur votre chagrin?

— Ma foi, je suppose que je ressentirais la même chose que dans le cas de l'homme qui a perdu un objet qui *ne m'appartient pas:* je ne souffrirais pas. Mais cette histoire n'était qu'un exemple. Ma vie est réelle, comme l'a été chacune de mes pertes. Pourtant, s'il existait vraiment une manière de voir mes pertes à travers les lunettes magiques que vous venez de décrire, ma vie serait très différente, si ouverte et si nouvelle.

— Ne vaudrait-il pas la peine de chercher à atteindre cette vision?

— Sans aucun doute. Dites-moi, je vous prie, par où commencer.

Une vision qui vous libérera du fondement de la peur

Nous devons commencer par nous poser très honnêtement la question suivante: Que voulons-nous vraiment? Qu'essayons-nous d'accomplir avec toutes nos ambitions, nos buts, nos relations, notre recherche de pouvoir et de possessions? Qu'espérons-nous trouver au bout de tout cela?

— Ma foi, je ne peux parler pour les autres, mais cela me semble évident; je veux réussir. Je cherche la même perspective réconfortante que tout le monde: une vie de bonheur et de contentement. Ces désirs ne sont-ils pas naturels?

— Bien sûr, mais laissez-moi vous poser une question éloquente. Est-il arrivé dans votre vie qu'un événement non désiré ôte toute signification à vos gains? Un moment où, en dépit de la gratitude que vous éprouviez pour ce qui vous restait, votre perte vous laissait amer et abattu?

— Certes, j'ai eu des moments comme cela, mais qui n'en a pas? En outre, je ne baisse pas facilement les bras. Je retombe très vite sur mes pieds.

— Si vous possédiez un parapluie qui, de temps en temps, se changeait en arrosoir *pendant que vous vous en servez,* l'utiliseriez-vous pour vous garder au sec sous la pluie?

— Bien sûr que non, mais je ne vois vraiment pas le lien.

— Selon vous, qu'essaient de vous dire les moments stressants qui suivent une perte?

— À vrai dire, je n'ai jamais pensé qu'ils pouvaient contenir un message. Toutefois, si je me fie à ce que je fais après que je suis retombé sur mes pieds et ai recommencé à neuf, je suppose qu'ils m'invitent à redoubler d'efforts.

— N'est-ce pas précisément ce que vous avez fait jusqu'ici? Qu'espérez-vous gagner au juste grâce à ces luttes répétées?

— Je vois où vous voulez en venir. Ce que je veux, c'est me trouver un jour dans une position où rien ne pourra m'enlever ni menacer ce que j'ai gagné.

— Donc, ce que vous appelez une quête du succès est en fait une recherche de sécurité?

— Non, cette idée n'englobe pas tout pour moi. Et si je souhaitais le bonheur et le contentement que j'ai mentionnés plus tôt?

— Nos moments de plus grand bien-être ne sont-ils pas reliés à un sentiment de sécurité maximal? L'inverse est aussi vrai. Quand la réalité nous apparaît-elle le plus sombre sinon dans les moments où nous doutons le plus? Quelle perte semble plus grande que celle qui nous rend vulnérables?

— Je n'ai rien à dire là-dessus. Mais qu'est-ce que cela fait que je parle de chercher le bonheur et le succès ou, comme vous dites, la sécurité? N'est-ce pas la même chose? Quelle différence le nom fait-il?

— Vous avez raison. Le problème n'a pas trait à *ce que* nous appelons notre sécurité. Somme toute, un nom en vaut un autre. Notre vrai dilemme tient au fait que tous ces buts et le nom qu'on leur donne *naissent* dans l'esprit du moi. Or ce niveau de notre mentalité ne peut penser *qu'en termes de contraires.*

— Je ne suis pas certain de vous suivre. Pouvez-vous expliquer comment l'esprit du moi ne peut penser qu'en termes de contraires?

— Nous avons déjà effleuré cette idée importante des contraires un peu plus tôt, en parlant du fait que nous évaluons notre sentiment de réussite en fonction de notre idée de l'échec. Maintenant, nous devons aller un peu plus loin et comprendre ce qui crée ces opposés de prime abord. Commençons donc par l'idée suivante: *la pensée, en soi,* de par son essence même, distingue celui qui pense de ce à quoi il pense.

— Pourriez-vous clarifier cette idée, je vous prie?

— Il n'est pas nécessaire que vous vous laissiez dérouter par cette découverte importante sur la nature de la pensée. Un exercice simple que vous pouvez faire maintenant clarifiera les choses. Puis vous verrez comment la pensée divise.

Déposez votre livre et posez les yeux sur quelque chose, n'importe quoi, tout près. Remarquez ce qui se passe dès l'instant où votre pensée nomme l'objet ou la personne que vous regardez. *Voyez* comment vos pensées *à l'égard de cet objet ou de cette personne* vous donnent immédiatement l'impression *d'en être séparé.*

Cette découverte a des répercussions immenses. Tant que notre vision de la vie découle de la division de nos pensées, nous ne pouvons faire autrement que de nous voir comme étant séparés du monde qui nous entoure. Pour *penser* à un «toi», il doit y avoir un «moi». Cette perception inconsciente, mais erronée, de nous-mêmes comme des entités séparées de la vie et de tout ce qu'elle contient, *est le fondement même de la peur.*

Quand nos yeux voient la vie de cette manière divisée, nous nous croyons seuls. Pas parce que nous le voulons, mais parce que le fonctionnement même de l'esprit du moi nous laisse nous débrouiller seuls dans un monde où les gens, les événements et même les objets inanimés peuvent seulement appartenir à une catégorie ou à l'autre: *soit ils sont pour nous, soit ils sont contre nous.*

Cette perception intransigeante qui nous pousse à croire que nous sommes séparés de la vie nous incite à rechercher la sécurité *afin de nous protéger de ce qui est contre nous.*

— Vous avez raison sans aucun doute, encore que je n'aie jamais vu ma situation sous cet angle auparavant. Donc, ce que j'ai toujours appelé la recherche de sécurité est en fait une quête d'autoprotection. Pourtant, n'avons-nous pas besoin de sécurité? N'est-il pas nécessaire que nous nous protégions, nous et ceux que nous aimons?

— Oui et non. Tentez de saisir la différence entre *se suffire à soi-même* et *se protéger*. Bien que dans notre société moderne qui se dégrade rapidement, ces deux activités semblent de plus en plus reliées, je vous assure que, sur le plan spirituel, elles n'ont rien en commun. La première a trait à des besoins physiques qui peuvent être comblés par des choses simples tandis que la seconde est un état psychologique indéfini. Maintenant, comprenez aussi que *l'on ne peut pas protéger une peur* et vous avez presque découvert comment transformer la douleur reliée à une perte en un acte de libération de soi.

— Tout en moi sent que nous progressons dans la bonne direction, mais je n'arrive pas à voir plus loin que le bout de mes chaussures! Veuillez m'en apprendre davantage.

SE LIBÉRER DE LA DOULEUR CAUSÉE PAR LA PERTE D'UN AMOUR

Si nous étudions de près une perte, peu importe sa nature, nous verrons que notre expérience de cet événement repose sur un profond sentiment de *vulnérabilité*. Nous avons tendance à nous sentir *en danger* dans une situation de perte, même si nos *pensées* nous suggèrent que ces inquiétudes ne sont pas purement égoïstes.

— N'est-il pas naturel de souffrir quand un vide se produit brusquement dans notre vie?

— Peut-être avez-vous perdu quelque chose comme une relation amoureuse qui vous tenait à cœur. Mais la douleur que vous ressentez n'est pas liée au fait que telle personne, telle position ou telle possession a disparu de votre vie.

— Que voulez-vous dire au juste? Quelle autre raison pourrait justifier mon chagrin?

— Avant de répondre à cette question, j'aimerais vous rappeler un point sur lequel nous nous sommes entendus plus tôt. *On ne peut pas perdre ce qu'on n'a jamais possédé.* Nos relations, notre apparence, notre autorité, notre intelligence, notre vie même ne nous appartiennent pas plus qu'elles n'appartiennent à quiconque.

— Cela va de soi. Je commence à comprendre. Mais pourquoi souffrons-nous autant quand nous perdons une chose que nous n'avons jamais possédée? Que perdons-nous au juste pour éprouver une telle souffrance?

— Ce que nous perdons est en fait une *image,* une image mentale soigneusement construite et préservée par une personne ou une chose qui nous aide à nous voir tels que nous croyons être. Lorsque cette personne, cette position ou cette possession n'est plus là pour soutenir cette image, nous souffrons de la perte de ce moi imaginaire.

— Vous dites que tout ce que nous perdons, c'est une image, mais comment est-ce possible? Une chose qui était là auparavant n'y est plus, elle est partie! Comment pouvez-vous dire qu'il n'y a pas de perte?

— Parce qu'il n'y en a pas. Laissez-moi vous expliquer. Il y a peut-être eu un *changement* dans votre vie, mais *ce changement n'est pas la douleur causée par une perte.*

Nous ne pouvons posséder une chose qui change constamment et, justement, la vie n'est que cela: un changement éternel et perpétuel. Mais l'esprit du moi est forcé de chercher ce qu'il appelle la sécurité. Il crée donc des images mentales qu'il peut conserver. *Des images qui ne changent pas.*

Je répète que *la vraie vie est changement.* À un moment donné, les événements ne permettent pas à ces fausses images de demeurer intactes et nous ne pouvons plus nier la réalité. Quelque chose doit céder. Les images mentales, aussi parfaites soient-elles, sont toujours les premières à se disloquer en cas de secousse. C'est l'effondrement de ces images que nous appelons perte.

— Vous avez sans doute raison. Comme le sentiment qui vous envahit en découvrant qu'une personne sur laquelle vous pensiez pouvoir compter est en fait une sorte de voleur ou que vous n'êtes pas aussi fort que vous l'aviez toujours cru. Ces chocs font toujours mal!

Je peux aussi comprendre, jusqu'à un certain point, que chaque fois qu'une image est réduite en miettes, cela fait terriblement mal. Mais que penser de la perte de l'être aimé? Cette personne sort de votre vie pour toujours. Que dire de cette souffrance? Dites-vous que ce profond chagrin n'est pas réel non plus?

Que perdre quelqu'un qu'on aime, c'est seulement perdre une image?

— Bien sûr que non. La souffrance est là et elle est certainement réelle. Mais encore une fois, nous devons nous rappeler, malgré notre affreux sentiment de vide, que *toutes* les souffrances reliées à une perte appartiennent à un niveau mental inférieur, à l'esprit du moi, qui, de par sa nature, crée autour de lui un monde *dont il demeure à jamais séparé.*

Or *ce que vous êtes vraiment* ne peut rien perdre parce que votre vraie nature, le libre esprit, ne fait qu'*un* avec la bonté éternelle de la vie. Et on ne peut pas se perdre soi-même! Si vous savez que vous ne pouvez pas vraiment perdre rien ni personne, si vous comprenez qu'il n'existe pas de division réelle entre vous et la personne que vous aimez, ou entre vous et l'amour, alors toute souffrance causée par une perte cesse tout bonnement d'exister pour vous.

TRANSFORMEZ VOS CHAGRINS EN UNE FORME SUPÉRIEURE DE GUÉRISON DE VOUS-MÊME

— Je comprends la véracité et la beauté de ces idées, mais je ne vis pas à ce niveau supérieur de conscience même si je le voudrais plus que tout! Mais j'ignore comment faire. Où dois-je commencer?

— *Là où vous êtes.*

— Que voulez-vous dire? Où est ce *là*?

— Ce *là* est le fait d'éprouver chaque perte comme si vous veniez de perdre une partie de vous-même.

— Un instant! Je ne comprends pas. C'est précisément ce niveau de vie que je veux quitter!

— C'est pourquoi vous devez commencer par là. À partir de maintenant, chaque fois que vous subirez une perte, affrontez-la avec cette attitude nouvelle et audacieuse. Vos actions supérieures transformeront cette perte en germe de libération de soi.

Après chaque revers, *peu importe* sa nature, laissez l'espace qui souffre et est vide en vous être vide et souffrir. Votre but *n'est pas de le remplir* au moyen d'une chose reconnaissable: des projets, de la colère, des peurs, des regrets, des espoirs ou des rêves. Ne laissez aucune image mentale ou émotionnelle se précipiter pour combler le trou béant de votre cœur.

Il n'est pas question de repousser ces souffrances.

Le déni est une autre façon dont nous essayons secrètement de remplir ce vide douloureux. Au lieu de cela, demeurez calme et soyez conscient de votre douleur et de la partie de vous-même qui voudrait chasser celle-ci en créant une nouvelle image à laquelle s'accrocher dans la tempête. Ne soyez *en rien* concerné par ces créations mentales ni par leur créateur. Tous deux proviennent du niveau inférieur de l'esprit du moi qui est la source de votre tristesse. Si vous laissez cette nature divisée combler votre vide, vous serez obligé de le remplir encore et encore.

— J'ignore au juste comment m'exprimer, mais si je ne réponds pas à mon sentiment de vide, si je ne fais rien pour apaiser ma douleur, *qu'est-ce qui le fera?* Vous ne dites sûrement pas que nous devons apprendre à vivre avec nos chagrins?

— Ne voyez-vous pas que *vous vivez déjà ainsi?* Le moment est venu de mourir à ce niveau souffrant de vie mentale afin de prendre conscience d'un niveau supérieur de votre être: le libre esprit. Vous pouvez vivre au niveau d'un nouveau moi qui n'a pas besoin de rechercher la sécurité parce que sa nature supérieure est *déjà entière.* Chaque refus conscient de réagir à la douleur causée par une perte en recourant à des solutions sécurisantes invite la réalité à inonder et à remplir cet espace. Or la réalité *n'est jamais déroutée par une perte.*

Cette approche particulière de la perte et du chagrin qu'elle entraîne vous aide à dépasser vos réactions douloureuses habituelles. Ce qui vaut beaucoup mieux que d'y recourir sans arrêt. Si vous pouvez adopter cette ligne de conduite nouvelle et audacieuse, c'est parce que désormais vous savez ceci: votre sentiment de perte, ce terrible sentiment de vide, n'est présent en vous que parce que *vous avez oublié votre vraie nature.*

Toutefois, toutes les peurs disparaissent à la lumière d'une véritable compréhension de soi-même. À mesure que vous prendrez conscience de votre nature éternelle, vous sentirez une nouvelle force naître en vous. Le calme et la confiance envahiront votre cœur. Votre intuition se développera. Vous verrez que votre vie n'a jamais rien eu à voir avec le fait de perdre ou de gagner.

Maintenant vous comprenez que chacun, chaque chose et chaque événement vous permettent d'explorer, de découvrir et de célébrer votre moi essentiel.

Cette découverte vous apprend quelque chose et vous réjouit tout à la fois. Car elle révèle que chacune de vos pertes apparentes est en fait une invitation secrète du libre esprit *à aller toujours plus haut, à entrer dans sa vie libérée et à vivre sans plus jamais craindre les pertes.*

LES VÉRITÉS QUI PROUVENT QUE VOUS N'AVEZ RIEN À PERDRE

Voyez si vous pouvez découvrir le dénominateur commun des dix vérités ci-dessous. Utilisez cette section importante pour comprendre comment cesser de craindre les pertes et voir que vous n'avez rien à perdre… et toute une vie à gagner.

1. Compter sur votre façon de *penser* pour échapper à ce que vous *ressentez,* c'est comme courir vers la partie non submergée d'un navire qui coule et s'y accrocher pour trouver la sécurité.

2. Voyez qu'aucune souffrance mentale ou émotionnelle ne vous appartient et que sa présence dans votre vie est envahissante, mais *non* essentielle.

3. Apprenez à mettre en question votre mode de pensée en fonction de *ce que vous connaissez de lui* plutôt que de ce qu'*il essaie toujours de vous dire à votre sujet.*

4. Le moment présent, exempt de pensées et de désirs, est le seul vrai trésor qu'il vaut la peine de chercher parce que lui seul contient tout ce qui n'a pas d'opposé.

5. À plusieurs reprises pendant la journée, demandez-vous à quoi ressemble une vie vécue au niveau de la *plénitude* du libre esprit au lieu de la petitesse de l'esprit du moi.

6. Croire qu'obtenir ce que vous voulez mettra un terme à vos désirs, c'est comme penser qu'un rocher qui roule au bas d'une pente s'arrêtera en chemin pour admirer la vue.

7. La prochaine fois que vous serez triste ou malheureux au sujet d'une perte, réveillez-vous et soyez stupéfait de constater qu'un moment seulement plus tôt, vous étiez persuadé d'avoir besoin de souffrir.

8. La différence entre des besoins non naturels et des besoins naturels tient au fait que les premiers vous poussent à travers la vie tandis que les seconds nourrissent celle-ci.

9. Voyez que chaque plaisir projeté en pensée renferme son contraire caché et douloureux, et vous connaîtrez vite le plaisir supérieur et incorruptible qui consiste à ne pas être un emmerdeur pour soi-même.

10. S'éveiller à la force silencieuse et à la vie sans peur du libre esprit, c'est s'éveiller à tout ce que l'on est censé être.

Chapitre 11

Franchir le seuil qui conduit au libre esprit

Nous avons appris tout ce que les mots et les connaissances peuvent nous apporter concernant la vraie nature des liens qui nous retiennent et les secrets de la libération de soi. Nos recherches nous ont conduits au seuil d'un événement intérieur unique, un moment stimulant dans le cheminement spirituel qui mène à une vie libérée.

Avant de monter plus haut, avant de réaliser la libération que nous cherchons, nous devons effectuer *le prochain pas réel* dans notre croissance spirituelle. Pourtant, tout en étant de plus en plus conscients de la nécessité de franchir ce nouveau pas au-delà de nous-mêmes, nous saisissons aussi l'immense difficulté que cela comporte, car nous sommes toujours incapables de voir au-delà de l'esprit du moi et de ses vieux désirs, désirs qui, nous le savons désormais, ne peuvent, même comblés, nous mener plus haut ni plus loin qu'un autre désir de bas niveau!

Il y a plus de huit cents ans, le poète soufi illuminé Hakim Sanai écrivait ceci au sujet des difficultés découlant de cette position spirituelle difficile dans *The Walled Garden of Truth*: «Tant que tu t'accrocheras à ton moi, tu erreras de-ci de-là, jour et nuit, pendant des milliers d'années; et quand, après tous ces efforts, tu ouvriras enfin les yeux, tu te verras, à travers tes défauts inhérents, en train de tourner en rond comme un bœuf dans un moulin; mais si, une fois libéré de toi-même, tu t'attelles enfin à la tâche, cette porte s'ouvrira en moins de deux minutes.»

Comment franchir la barrière qui conduit à une liberté que nous savons ne pas pouvoir — *ni devoir* — *nommer avec notre niveau mental actuel?* Comment aller plus loin quand nous ne savons pas vraiment comment y accéder?

Si vous *savez* que vous ne pouvez aller plus loin, tout en *sachant qu'il vous reste un bout de chemin à faire,* vous devez vous laisser porter par quelque chose qui *n'est pas vous tel que vous vous connaissez actuellement.*

Lorsque nous atteignons ce niveau impensable mais concluant de compréhension, nous nous tenons au seuil du libre esprit. Mais une fois rendus à ce seuil élevé qui s'ouvre sur notre nature supérieure, nous devons trouver comment le franchir. *Connaître la vérité sur la liberté et être libre sont deux choses aussi différentes qu'une bouteille d'eau de mer et l'océan dont provient cette eau.*

TENEZ-VOUS À «L'ENDROIT IMPENSABLE» QUI A ÉTÉ PRÉPARÉ JUSTE POUR VOUS

L'une des pierres d'achoppement les plus constantes sur le chemin de l'éveil est la conviction inconsciente que posséder une collection soignée de principes sur une vie éveillée, c'est être intérieurement libéré. Toutefois, posséder la preuve de l'existence du libre esprit, peu importe qu'elle soit concluante, *n'est pas vivre en fonction de son intelligence.* Les mots du célèbre écrivain spirituel Paul Brunton complètent nos découvertes et nous fournissent d'importantes instructions: «Les mots ne font que sous-entendre cette réalité, mais ils ne peuvent l'expliquer. La vérité est un état, non un ensemble de mots. L'argument le plus intelligent ne peut remplacer l'expérience personnelle. Il faut faire l'expérience de la vérité pour la connaître.»

Si vous persistez à suivre les lignes de conduite essentielles de l'étude de soi qui conduisent à une libération durable, vous comprendrez, plus souvent que vous ne le voudriez, qu'en dépit de tout ce que vous avez appris sur votre vraie nature, ce que vous possédez vraiment de cette essence magnifique se résume à un grand nombre d'*idées* sur elle.

Ces moments ne peuvent vous échapper. En effet, nulle constatation n'est plus pénible que celle qui nous fait voir que même une idée spirituelle parmi les plus nobles n'est que cela, une idée, au moment où nous sommes portés à nous tourner vers elle pour nous hisser au-dessus de la tempête intérieure et où nous nous rendons compte qu'elle ne fait qu'intensifier l'orage! Chaque fois que cela se produira, vous vous sentirez abandonné, *mais ne vous découragez pas.* Refusez de vous décourager. Vos découvertes involontaires mais néanmoins fantastiques sur ce qui est vrai et authentique, sur ce à quoi vous pouvez vous fier et ce que vous devez rejeter, sont essentielles à votre évolution intérieure.

Aussi difficile à saisir que cela puisse paraître, surtout lorsque ces moments sont amplifiés par l'humiliation de voir à quel point vous étiez aveugle à votre ignorance, ces moments où vous vous heurtez à un échec sont ceux que vous avez préparés tout ce temps-là. Oui! C'est vrai. Voici pourquoi.

Avant de pouvoir pénétrer dans le royaume du libre esprit, vous devez laisser derrière vous l'univers familier de vos idées, de votre pensée et de son niveau mental, l'esprit du moi. Cela est impensable, mais également clair: *vous devez renoncer à votre moi* même s'il devient clair que tout ce à quoi vous avez toujours été *et êtes encore* attaché, *est votre moi.*

N'ayez pas peur de vous sentir perdu ou spirituellement égaré dans ce territoire intérieur étrange, cet univers psychologique qui ne vous offre aucune direction connue et duquel vous savez ne pas pouvoir revenir. *Tout le courage spirituel et la détermination intérieure dont vous avez besoin pour y rester, ainsi que votre triomphe, sont déjà présents en vous.* Recherchez-les dans votre nouvelle compréhension du fait qu'il n'existe aucun autre endroit où aller. Demeurez à cet endroit et vous découvrirez ses promesses cachées.

Tout ce dont vous avez besoin pour être victorieux dans cette épreuve spirituelle vous sera donné. Vous vous tenez maintenant à l'endroit intérieur où le libre esprit peut se faire connaître de vous et le fera. Même si vous n'avez pas cette impression, cet endroit a été préparé juste pour vous.

POUR CONNAÎTRE LA VRAIE LIBERTÉ, VOUS DEVEZ ALLER AU-DELÀ DU CONNU

Nos yeux et nos oreilles, nos pensées et nos sentiments nous permettent de nous déplacer librement à travers l'extraordinaire toile de la vie dont nous faisons partie. Mais ces cadeaux de la perception, aussi extraordinaires soient-ils, ressemblent davantage à un miroir qu'aux clés du royaume secret de la liberté que nous cherchons. Avec leur aide, nous pouvons *presque* jeter un coup d'œil, et ainsi confirmer son existence, sur le royaume intime auquel appartiennent nos sensations du cœur. Pourtant, ces mêmes sens importants ne peuvent nous aider à franchir la distance qui nous sépare de notre vraie nature libre et éternelle.

Rien n'est plus difficile que de «savoir» qu'une grande nouveauté nous attend alors que nous nous débattons encore avec nos vieux doutes et nos vieilles peurs. Notre attitude devant ces rencontres avec la vérité détermine notre succès. Ce qui compte le plus, c'est notre réaction devant la négation du désir de notre cœur spirituel. Une histoire spéciale nous éclairera là-dessus.

Imaginez qu'un homme entend parler d'une fleur dotée de propriétés médicinales qui pousse sur une montagne éloignée. Même si tous ses amis affirment qu'un tel miracle ne peut se produire dans la nature, et que rien ne cloche chez lui, l'homme sait au plus profond de son cœur que ce n'est pas vrai. Sans trop savoir pourquoi, il est persuadé qu'il a besoin de cette fleur. C'est pourquoi, en dépit de tout, il part à la recherche de la fleur.

Quand il atteint enfin le contrefort de la montagne dont les sommets sont censés abriter cette fleur rare, il est étonné de voir qu'un grand nombre de personnes s'y trouvent déjà, dont plusieurs affirment vendre la fleur même qu'il recherche.

Un examen plus attentif révèle que ces gens ne vendent pas la vraie fleur, mais seulement des livres concernant les vertus bénéfiques de ses pétales. Où qu'il aille, il trouve des vendeurs de ceci et de cela: cartes détaillées de la montagne sur lesquelles sont indiqués les meilleurs sentiers, amulettes destinées à protéger les voyageurs et même un guide de l'étiquette à observer avec les indigènes des collines, qui sont censés connaître l'habitat secret des fleurs.

Dans toutes ces promesses, l'homme trouve de la bêtise, mais de fleur, point. Aussi, commence-t-il son ascension le lendemain. Seul.

Des semaines plus tard, ayant escaladé des douzaines d'éperons rocheux et traversé des régions désertiques aux températures glaciales, il parvient à une vallée ensoleillée, irriguée de sources limpides et scintillantes. Son moral remonte en flèche devant le spectacle qui s'offre à sa vue. Mais un moment plus tard, il tombe à zéro.

Des pavots, des roses sauvages et une foison de fleurs multicolores jonchent le sol. Toutes les fleurs imaginables semblent pousser à cet endroit. Toutes, sauf celle qui peut guérir. Il se demande comment c'est possible. Le soleil réchauffe chaque petit recoin, l'eau est abondante, la terre, riche et foncée. Pourtant, il doit se rendre à l'évidence: la fleur qu'il désire plus que tout ne se trouve nulle part. Pourtant, ce doit être le bon endroit, lui dit sa raison, et son cœur lui fait écho.

Il poursuit donc ses recherches tout le jour et persévère même quand le soleil descend à l'horizon, mais en vain. Tout ce qu'il trouve, ce sont ses propres pensées qui le traitent de nigaud.

Enfin, au moment où l'obscurité tombe, emportant avec elle son moral, il décide de redescendre de la montagne. Pendant qu'il regarde où il pose les pieds, son esprit cherche à expliquer son échec pour lui-même et pour ceux qui, il le sait, s'informeront du résultat de ses recherches. Il ne peut certainement pas leur dire qu'elles ont été vaines! S'il ne trouve rien, que penseront-ils de lui? Non, ce n'est pas possible. Mais que faire?

C'est ainsi qu'une histoire commence de prendre forme dans son esprit. Après tout, combien de personnes ont vu la partie de la montagne qu'il vient de visiter? Qui d'autre que lui connaît quelque chose de la vallée cachée ou, même, de ce qui y pousse? Au beau milieu de ce rêve où il tente de sauvegarder sa dignité, il se rappelle que ces sentiments n'ont rien à voir avec ce qu'il est venu chercher dans la montagne. *Il est venu chercher la fleur qui guérit.*

Mais que faire? Son cœur et sa tête le tirent dans deux directions opposées. Comment peut-il exister tant de preuves et pourtant nulle trace de la fleur bénéfique? Tout devient clair. Il sait ce qu'il doit faire. Il doit retourner dans la vallée.

Cette fois, sur le chemin du retour, il doit escalader ses doutes en même temps que les rochers dentelés. Une chose l'aiguillonne tandis qu'il avance pas à pas sur le sol rocailleux. Quelque part dans cette vallée recluse, il trouvera la fleur dont il a besoin. De cela il est sûr, *même s'il ignore encore où et comment.*

Pendant tout le mois suivant, il parcourt le sol de la vallée. Sans rien trouver. Les orages occasionnels qui grondent au-dessus de sa tête ne sont rien comparés aux tempêtes qui sévissaient dans son esprit.

Enfin, incapable de chercher davantage et ne se souciant plus de rien, il se laisse tomber plus qu'il ne s'assoit au milieu d'une petite prairie. Il y passe le reste de la journée et la suivante. Il est las et n'a plus nulle part où aller. Le troisième jour, un événement inattendu se produit. Au début, il n'en croit pas ses yeux. Se peut-il que…? Bien sûr!

Dans toute la vallée, partout autour de lui, des fleurs délicates s'épanouissent à la surface du sol, tendant leurs minuscules pétales vers le soleil. Un moment plus tard, un parfum depuis longtemps oublié touche son cœur. C'est *la fleur*. Il tend la main et en cueille une: la *sienne*.

Le lendemain, il s'éveille frais et dispos pour découvrir que toutes les petites fleurs ont disparu, mais il ne s'en inquiète pas outre mesure. Il comprend tellement plus de choses que la veille encore. Maintenant, il sait que ces fleurs bénéfiques ne fleurissent que quelques instants selon leur propre rythme. Il regarde sa main qu'il tient soigneusement en coupe autour de sa fleur. Il la respire profondément. Tout va bien.

Les images mentales et émotionnelles contenues dans cette histoire visent à vous emmener au-delà des mots qui servent à la transmettre. Lisez attentivement le sommaire en quatre points essentiels et l'exercice spécial qui suivent. Laissez leurs leçons supérieures vous conduire jusqu'à la fleur la plus rare de toutes: la libération spirituelle de soi.

1. Apprenez à dépasser même votre peur qu'il n'existe pas d'«au-delà» à dépasser.

2. Lorsque vous n'avez pas d'avenir en vue, refusez de fermer les yeux pour en créer un.

3. Orientez toujours votre travail intérieur dans une direction supérieure sans vous fier aux parties de vous-même qui ne cessent de vous dire quelle peut être cette direction. Quand les pensées et les sentiments ne peuvent plus voir, ils s'empressent de vous faire croire qu'il n'y a rien au-delà des limites de leur vision.

4. Faites appel, *en dépit de la raison,* au nouveau monde qui se trouve en vous, le libre esprit. Avancez audacieusement au-delà de la conviction, de la confusion et du savoir.

Cette clé déverrouille la porte qui mène au libre esprit

Faites de ce dernier exercice votre compagnon de chaque instant. J'y ai résumé les leçons les plus importantes de ce livre.

La prochaine fois que vous vous heurterez à un blocage qui vous est familier ou que vous ne vous sentirez pas apte à affronter une difficulté nouvelle, évitez de faire ce que vous avez toujours fait auparavant. *N'essayez pas de contourner cette difficulté en y réfléchissant.* Vous ne voulez plus contourner vos difficultés parce que cela ne fait que vous ramener au point de départ. Ce que vous voulez, c'est grandir pour dépasser ce niveau de difficulté. Et pour ce faire, *vous devez éviter d'agir à partir de cette difficulté.*

Aussi, ne vous laissez pas entraîner dans l'inquiétude ou la confusion parce que vous ignorez quoi faire au sujet de votre situation du moment. Vous voulez comprendre celle-ci, non lutter avec elle. Les deux n'ont rien en commun. Aussi, dites-vous clairement une fois pour toutes que *rien de ce qui vous poursuit ne peut vous aider.*

Retirez-vous de votre façon de penser habituelle. Observez calmement l'esprit du moi courir pour trouver l'abri d'une conclusion familière. Ne participez pas à son agitation frénétique.

Vous êtes allé aussi loin que vous le pouviez avec ce que vous savez. Sachez cela maintenant, renoncez *à ce que vous savez* et laissez quelque chose d'impensable vous arriver. Détendez-vous.

En vous contraignant à trouver une issue heureuse à une situation triste ou déroutante, vous prouvez seulement que vous croyez encore pouvoir régler vos difficultés. Mais si c'était le cas, vous les auriez déjà résolues. En outre, l'esprit du moi veut vous faire prendre cette contrainte pour une sorte de preuve de vos progrès et il excelle dans cette tâche. En effet, après toutes ces années, vous avez peur de vivre sans vous contraindre automatiquement, de crainte de rester coincé! La solution consiste à voir que *vous êtes coincé! Cette découverte puissante vous libère de la pression qui vous pousse à vouloir quelque chose de vous-même.*

Maintenant, vous avez fait *ce qui était en votre pouvoir.* Vous avez préparé la voie, dans votre tête, pour l'arrivée du libre esprit. Et cette nature royale vous rendra visite, n'en doutez pas. Mais apprenez à l'attendre dans l'inattendu. Comme il est écrit dans le Nouveau Testament: soyez toujours vigilant, car vous ne savez jamais quand — ni comment — quelque chose de supérieur vous rendra visite.

Peut-être aurez-vous une intuition, un net aperçu de la manière dont vous créez vous-même votre captivité intérieure continue. Ou peut-être qu'un doux sentiment de plénitude vous envahira brusquement, une intuition silencieuse mais profonde qui vous révélera, l'espace d'un instant, que *vous êtes un* avec toute la vie qui bat autour de vous et en vous.

Quelle que soit la façon dont la lumière pénétrera dans la chambre noire de votre moi, considérez chaque brève illumination comme un messager, un héraut céleste expédié au-devant d'une liberté accrue. Apprenez à accepter chacune de leurs apparitions, car peu importe ce qu'elles vous révèlent sur vous, ces intuitions ressemblent aux cris de libération qui précèdent toujours l'arrivée des forces libératrices. Elles sont toujours suivies d'une liberté nouvelle. À vous de la suivre.

SOIXANTE PRINCIPES DESTINÉS À VOUS DONNER DE LA FORCE SUR LE CHEMIN DE LA LIBÉRATION DE SOI

La vraie vie n'exige jamais que vous acceptiez une condition intérieure qui va à l'encontre de votre désir spirituel d'être libre. Pour renforcer ce désir, examinez attentivement chacun des soixante principes ci-dessous. Plus votre désir de vous libérer des liens qui vous retiennent est clair, plus tôt il sera comblé.

1. Votre décision d'être libre naît *en ce moment même*.

2. Ne croyez jamais que vous devez apprendre à vivre avec une chose qui vous tourmente.

3. Aller à l'encontre de sa nature profonde, c'est s'assurer de souffrir.

4. Tous les pouvoirs purs qui sont le fondement de la vraie liberté existent déjà *en vous*.

5. Tout désir de paraître fort aux yeux des autres est une faiblesse secrète.

6. Pour chasser la confusion qui découle de la contradiction douloureuse avec soi-même, il faut *commencer* par devenir conscient que cette confusion existe à l'intérieur de soi.

7. Il ne peut y avoir de bonne cause à un mauvais sentiment.

8. Le libre esprit habite un monde où l'échec n'existe pas.

9. Cessez de penser en termes de *l'endroit où vous voulez aller* et pensez plutôt en termes de *celui ou celle que vous devez être*.

10. Croire que l'anxiété peut remettre de l'ordre dans sa vie, c'est comme utiliser une tronçonneuse pour plier son linge.

11. Laissez tomber toute pensée qui vous conseille anxieusement de vous trahir aujourd'hui pour obtenir demain ce qu'il vous faut pour vous posséder.

12. Une transformation de sa nature *n'est pas* le fruit d'une évolution, mais bien d'une décision volontaire.

Vous êtes beaucoup plus que vous ne le croyez.

13. Croire que vous êtes une des milliers de pensées et de sentiments qui vous traversent, c'est comme penser qu'une étoile

filante possède la même nature que le firmament qu'elle transperce en un éclair.

14. Commencez par reconnaître le sentiment de responsabilité que vous éprouvez par rapport à la colère d'une autre personne, puis libérez-vous-en.

15. Croire que l'on peut résoudre une crise en réorganisant les conditions qui l'entourent au moment de son éruption, c'est comme essayer d'aménager les pentes d'un volcan actif dans l'espoir de désamorcer sa pression souterraine.

16. L'une des forces inébranlables du libre esprit réside dans le fait qu'il ne craint aucunement la façon dont tourne le monde.

17. Ne confondez pas l'intelligence de l'esprit du moi avec la conscience.

18. Rien n'est plus gratifiant que de découvrir que sa propre nature est la récompense que l'on cherchait.

19. Pour se libérer d'un trouble intérieur, il faut d'abord en prendre conscience; voilà la seule vraie règle qui régisse la libération de soi.

20. Apprendre à aimer la lumière, c'est se libérer.

21. La seule chose qui disparaît quand nous fermons les yeux sur une chose qui nous retient est notre chance de nous en libérer.

22. N'essayez pas de devenir parfait; soyez-le *maintenant* et découvrez que l'excellence est une récompense que les autres n'ont pas besoin d'avaliser.

23. La véritable condition de l'homme tient au fait qu'il a besoin d'être secouru, mais qu'il se prend pour le secouriste.

24. Perdre son temps à s'inquiéter de ce que l'on n'a peut-être pas est une bonne façon de perdre ce dont on a besoin pour l'obtenir.

Modifiez votre façon de voir la vie.

25. Apprenez à utiliser les chocs de la vie pour voir que vous ne vous heurtez jamais à autre chose qu'à vous-même.

26. Le libre esprit veut que vous sachiez que la seule chose qui vous perturbe est ce *qu'on vous a appris à penser sur vous-même*.

27. Le libre esprit renferme l'esprit du moi et peut le commander; l'esprit du moi ne se possède même pas lui-même, mais croit se posséder.

28. L'esprit du moi n'est même pas équitable envers *lui-même*, comment peut-il l'être envers vous?

29. Le fait d'entrer dans un conflit douloureux et personnel ne prouve pas que vous cherchez une solution à votre problème; cela ne fait que vous empêcher de voir que votre première solution a toujours été d'entrer en conflit.

30. Chercher le libre esprit n'est pas abandonner la vie, mais progresser vers sa réalisation.

31. Cherchez à chaque instant à reconnaître la différence entre *être conscient* de ses pensées et *se laisser entraîner* par elles.

32. Cessez de chercher un sentiment de permanence dans ce qui est temporaire.

33. Rien n'est plus utile ni pratique que la conscience éveillée du libre esprit.

34. Savoir sans penser est aussi naturel que sourire sans rien vouloir de personne.

35. Vous n'avez pas de destin supérieur ni plus heureux que la réalisation de votre nature profonde.

36. Regardez toujours deux fois une situation douloureuse pour voir si ce que vous avez vu la première fois n'était pas ce que l'esprit du moi *voulait* que vous voyiez.

Des actions supérieures qui mènent à une vie plus heureuse

37. Mieux vous comprendrez les principes supérieurs, meilleures seront vos chances d'exploiter leur pouvoir.

38. Choisissez toujours de voir ce que vous pouvez voir sur vous-même au lieu de dire à une autre personne ce qui cloche chez elle.

39. Tout apitoiement sur soi dénote une fascination négative par rapport à soi-même.

40. Rejetez consciemment toute pensée ou tout sentiment qui veut vous faire croire que vous ne pouvez dépasser le moi que vous avez toujours connu.

41. Un esprit agité ne peut se corriger lui-même, pas plus d'ailleurs que la personne ou la situation qu'il évoque pour justifier son affolement.

42. On n'acquiert pas la maîtrise de soi en maîtrisant ses problèmes, mais en mettant à jour les contradictions de notre conscience qui volent nos pouvoirs naturels de nous posséder nous-mêmes.

43. Prétendre que vous n'avez pas peur est efficace dans la mesure où rien ne vient vous effrayer!

44. Réveillez-vous aussi souvent que vous pouvez et mettez-vous sous la tutelle protectrice du moment présent.

45. Résister à un état punitif ne peut jamais s'avérer satisfaisant parce qu'aucun contraire n'a le pouvoir de s'annuler lui-même.

46. Tout conflit est d'abord toujours une question de conscience.

47. Vous pouvez être aussi libre que vous êtes disposé à voir où vous faites obstacle à votre progression.

48. Pensez aux faits que vous pouvez recueillir sur la nature du moment présent comme à des ancres spéciales qui vous aideront de plus en plus à y rester.

La liberté à laquelle vous aspirez veut, elle aussi, que vous soyez libre.

49. La conscience du conflit inhérent à la nature, contraire à la nôtre, de l'esprit du moi annule notre engagement et notre identification inconsciente avec ce niveau divisé de l'esprit.

50. Pour savoir où commencer, commencez dès maintenant à affirmer courageusement les parties de vous-même qui ont peur de s'immobiliser.

51. Votre seul pouvoir de changer l'orientation de votre vie tient à votre *connaissance de l'endroit où vous vous trouvez.*

52. Si vous ne prenez pas de mesures supérieures, tous vos plans pour vous libérer ne sont que des poids plaqués or.

53. En apprenant à voir chaque pas que nous faisons comme la totalité de notre périple, nous concentrons de manière profitable notre attention sur *notre position du moment* plutôt que sur l'endroit où nous *pensons* aller.

54. Savoir que rien au monde ne peut vous empêcher de recommencer à neuf au bon endroit, c'est ne pas craindre de commettre une erreur.

55. Le libre esprit sait que l'attention est prévention.

56. Le point de départ qui vous permettra d'aller spirituellement plus loin que vous êtes jamais allé apparaît chaque fois que vous atteignez l'endroit où vous êtes certain de ne pas pouvoir aller plus loin et y demeurez volontairement.

57. Perdez intérêt à vous accrocher à un sentiment de perte.

58. Passez chaque journée dans une attitude désinvolte, mais fructueuse; chaque moment dans une attitude alerte, mais détendue.

59. N'importe qui peut faire ce que tout le monde fait; faites plus.

60. Vivre au niveau du libre esprit, c'est remporter une série de victoires momentanées.

Table des matières

LES ÉDITIONS DE L'HOMME

Ouvrages parus aux Éditions de l'Homme

Affaires et vie pratique

* **1001 prénoms, leur origine, leur signification,** Jeanne Grisé-Allard
   100 stratégies pour doubler vos ventes, Robert L. Riker
* **Acheter et vendre sa maison ou son condominium,** Lucille Brisebois
* **Acheter une franchise,** Pierre Levasseur
* **Les assemblées délibérantes,** Francine Girard
* **La bourse,** Mark C. Brown
* **Le chasse-insectes dans la maison,** Odile Michaud
* **Le chasse-insectes pour jardins,** Odile Michaud
* **Le chasse-taches,** Jack Cassimatis
* **Choix de carrières — Après le collégial professionnel,** Guy Milot
* **Choix de carrières — Après le secondaire V,** Guy Milot
* **Choix de carrières — Après l'université,** Guy Milot
   Clicking, Faith Popcorn
* **Comment cultiver un jardin potager,** Jean-Claude Trait
   Comment rédiger son curriculum vitæ, Julie Brazeau
   Comment voir et interpréter l'aura, Ted Andrews
* **Comprendre le marketing,** Pierre Levasseur
   La conduite automobile, Francine Levesque
   La couture de A à Z, Rita Simard
   Des pierres à faire rêver, Lucie Larose
* **Des souhaits à la carte,** Clément Fontaine
* **Devenir exportateur,** Pierre Levasseur
* **Écrivez vos mémoires,** S. Liechtele et R. Deschênes
* **L'entretien de votre maison,** Consumer Reports Books
* **L'étiquette des affaires,** Elena Jankovic
* **Faire son testament,** Me Gérald Poirier et Martine Nadeau
* **La généalogie,** Marthe F.-Beauregard et Ève B.-Malak
* **Gérer ses ressources humaines,** Pierre Levasseur
   La graphologie, Claude Santoy
* **Le guide Bizier et Nadeau,** R. Bizier et R. Nadeau
* **Le guide de l'auto 97,** J. Duval et D. Duquet
* **Guide des arbres et des plantes à feuillage décoratif,** Benoit Prieur
* **Guide des fleurs pour les jardins du Québec,** Benoit Prieur
* **Le guide des plantes d'intérieur,** Coen Gelein
* **Guide des plantes pour la maison,** Benoit Prieur
* **Guide des voitures anciennes,** J. Gagnon et Colette Vincent
* **Guide du jardinage et de l'aménagement paysager au Québec,** Benoit Prieur
* **Guide du potager,** Benoit Prieur
* **Le guide du vin 97,** Michel Phaneuf
* **Guide gourmand 97 — Les 100 meilleurs restaurants de Montréal,** Josée Blanchette
* **Guide gourmand — Les bons restaurants de Québec — Sélection 1996,** D. Stanton
   Guide pratique des vins d'Italie, Jacques Orhon
* **J'aime les azalées,** Josée Deschênes
* **J'aime les bulbes d'été,** Sylvie Regimbal
   J'aime les cactées, Claude Lamarche
* **J'aime les conifères,** Jacques Lafrenière
* **J'aime les petits fruits rouges,** Victor Berti
   J'aime les rosiers, René Pronovost
* **J'aime les tomates,** Victor Berti
* **J'aime les violettes africaines,** Robert Davidson
   J'apprends l'anglais..., Gino Silicani et Jeanne Grisé-Allard
   Le jardin d'herbes, John Prenis
* **Lancer son entreprise,** Pierre Levasseur

* Guide de survie en forêt canadienne, Jean-Georges Desheneaux
  Guide d'orientation avec carte et boussole, Paul Jacob
  La guitare électrique sans professeur, Robert Rioux
  La guitare sans professeur, Roger Evans
  L'harmonica sans professeur, Alain Lamontagne et Michel Aubin
* Les Îles-de-la-Madeleine, Mia et Klaus
* J'apprends à nager, Régent la Coursière
* Le Jardin botanique, Mia et Klaus
* Je me débrouille à la chasse, Gilles Richard
* Je me débrouille à la pêche, Serge Vincent
* Jeux pour rire et s'amuser en société, Claudette Contant
  Jouer au golf sans viser la perfection, Bob Rotella et Bob Cullen
  Jouons au scrabble, Philippe Guérin
  Le karaté Koshiki, Collectif
  Le karaté Kyokushin, André Gilbert
  Le livre des patiences, Maria Bezanovska et Paul Kitchevats
* Manon Rhéaume, Chantal Gilbert
  Manuel de pilotage, Transport Canada
  Le manuel du monteur de mouches, Mike Dawes
  Le marathon pour tous, Pierre Anctil, Daniel Bégin et Patrick Montuoro
* Mario Lemieux, Lawrence Martin
  La médecine sportive, Dr Gabe Mirkin et Marshall Hoffman
* La musculation pour tous, Serge Laferrière
* La nature en hiver, Donald W. Stokes
* Nos oiseaux en péril, André Dion
* Les papillons du Québec, Christian Veilleux et Bernard Prévost
  Parlons franchement des enfants et du sport, J. E. LeBlanc et L. Dickson
* La photographie sans professeur, Jean Lauzon
  Le piano jazz sans professeur, Bob Kail
  Le piano sans professeur, Roger Evans
  La planche à voile, Gérald Maillefer
  La plongée sous-marine, Richard Charron et Michel Lavoie
  Pour l'amour du ciel, Bernard R. Parker
* Les Québécois à Lillehammer, Bernard Brault et Michel Marois
* Racquetball, Jean Corbeil
* Racquetball plus, Jean Corbeil
* Rivières et lacs canotables du Québec, Fédération québécoise du canot-camping
  S'améliorer au tennis, Richard Chevalier
* Le saumon, Jean-Paul Dubé
  Le saxophone sans professeur, John Robert Brown
* Le scrabble, Daniel Gallez
  Les secrets du blackjack, Yvan Courchesne
  Le solfège sans professeur, Roger Evans
* Sylvie Fréchette, Lilianne Lacroix
  La technique du ski alpin, Stu Campbell et Max Lundberg
  Techniques du billard, Robert Pouliot
* Le tennis, Denis Roch
  Tiger Woods, Tim Rosaforte
* Le tissage, Germaine Galerneau et Jeanne Grisé-Allard
  Tous les secrets du golf selon Arnold Palmer, Arnold Palmer
  La trompette sans professeur, Digby Fairweather
* Les vacances en famille: comment s'en sortir vivant, Erma Bombeck
  Villeneuve — Ma première saison en Formule 1, J. Villeneuve et G. Donaldson
  Le violon sans professeur, Max Jaffa
  Voir plus clair aux échecs, Henri Tranquille et Louis Morin
  Le volley-ball, Fédération de volley-ball

Psychologie, vie affective, vie professionnelle, sexualité

  20 minutes de répit, Ernest Lawrence Rossi et David Nimmons
  1001 stratégies amoureuses, Marie Papillon
  À dix kilos du bonheur, Danielle Bourque
  L'adultère est un péché qu'on pardonne, Bonnie Eaker Weil et Ruth Winter
* Aider mon patron à m'aider, Eugène Houde
  Aimer et se le dire, Jacques Salomé et Sylvie Galland

Santé, beauté

le jour,
éditeur

Ouvrages parus au Jour

Affaires, loisirs, vie pratique

* L'affrontement, Henri Lamoureux
* Les bains flottants, Michael Hutchison
* Conte pour buveurs attardés, Michel Tremblay
* La France à la québécoise, André Bergeron et Émile Roberge
* Le guide du répondeur bien branché, Robert Blondin et Lucie Dumoulin
* J'avais oublié que l'amour fût si beau, Évette Doré-Joyal
* Jean-Paul ou les hasards de la vie, Marcel Bellier
* Oslovik fait la bombe, Oslovik
* Questions réponses sur vos droits et recours, François Huot

Ésotérisme, santé, spiritualité

L'astrologie pratique, Wofgang Reinicke
Combattre la maladie d'Alzheimer, Carmel Sheridan
Dans l'œil du cyclone, Collectif
* Échos de deux générations, Sophie Giroux et Benoît Lacroix
La féminité cachée de Dieu, Sherry R. Anderson et Patricia Hopkins
Le grand livre de la cartomancie, Gerhard von Lentner
Jeûner pour sa santé, Nicole Boudreau
La méditation — voie de la lumière intérieure, Laurence Freeman
Le nouveau livre des horoscopes chinois, Theodora Lau
Où habite le bon Dieu?, Marc Gellman et Thomas Hartman
La parole du silence, Laurence Freeman
* Pour en finir avec l'hystérectomie, Dr Vicki Hufnagel et Susan K. Golant
Le pouvoir de l'auto-hypnose, Stanley Fisher
Prodiges et mystères de la vie avant la naissance, Dr P. W. Nathanielz
Questions réponses sur la maladie d'Alzheimer, Dr Denis Gauvreau et Dr Marie Gendron
Questions réponses sur la ménopause, Ruth S. Jacobowitz
Questions réponses sur les matières grasses et le cholestérol, M. Brault-Dubuc et L. Caron-Lahaie
Renaître, Billy Graham
Sagesse amérindienne, Dhyani Ywahoo
S'initier à la méditation, Manon Arcand
Une nouvelle vision de la réalité, Bede Griffiths
Un mot dans le silence, un mot pour méditer, John Main
Le vol de l'oiseau migrateur, Joseph Campbell

Essais et documents

* 1759 La bataille du Canada, Laurier L. LaPierre
* L'administration et le développement coopératif, Marcel Laflamme et André Roy
* Les années Trudeau — La recherche d'une société juste, T. S. Axworthy et P. E. Trudeau
* Le Dragon d'eau, R. F. Holland
* Elle sera poète, elle aussi! Liliane Blanc
* Femmes et politique, Yolande Cohen, Andrée Yanacopoulo et Nicole Brossard
* Les femmes sont-elles allées trop loin?, Francine Burnonville
* Hans Selye ou la cathédrale du stress, Andrée Yanacopoulo
* Hiérarchie ethnique dans la grande entreprise, Jean-Marie Rainville
* L'histoire des femmes au Québec, Le collectif Clio
* Jacques Cartier - L'odyssée intime, Georges Cartier
Jésus, p.d.g. de l'an 2000, Laurie Beth Jones
Les mythes à travers les âges, Joseph Campbell

Psychologie, vie affective, vie professionnelle, sexualité

L'accompagnement au soir de la vie, Andrée Gauvin et Roger Régnier
Adieu, Dr Howard M. Halpern
L'agressivité créatrice, Dr George R. Bach et Dr Herb Goldberg
Aimer, c'est choisir d'être heureux, Barry Neil Kaufman
Aimer son prochain comme soi-même, Joseph Murphy
Les âmes sœurs, Thomas Moore
L'amour lucide, Gay Hendricks et Kathlyn Hendricks
L'amour obsession, Dr Susan Foward
Apprendre à vivre et à aimer, Leo Buscaglia
Arrête! tu m'exaspères — Protéger son territoire, Dr George Bach et Ronald Deutsch
L'art d'engager la conversation et de se faire des amis, Don Gabor
L'art de vivre heureux, Josef Kirschner
L'autosabotage, Michel Kuc
La beauté de Psyché, James Hillman
Le bonheur, c'est un choix, Barry Neil Kaufman
Le burnout, Collectif
Célibataire et heureux!, Vera Peiffer
Ces hommes qui ne communiquent pas, Steven Naifeh et Gregory White Smith
C'est pas la faute des mères!, Paula J. Caplan
Ces vérités vont changer votre vie, Joseph Murphy
Le chemin de la maturité, Dr Clifford Anderson
Chocs toniques, Eric Allenbaugh
Choisir qui on aime, Howard M. Halpern
Les clés pour lâcher prise, Guy Finley
Comment acquérir assurance et audace, Jean Brun
Comment apprendre l'autodiscipline aux enfants, Thomas Gordon
Comment faire l'amour à la même personne pour le reste de votre vie, Dagmar O'Connor
Comment faire l'amour à une femme, Michael Morgenstern
Comment faire l'amour à un homme, Alexandra Penney
Comment faire l'amour ensemble, Alexandra Penney
Comment peut-on pardonner?, Robin Casarjian
Communication efficace, Linda Adams
Le courage de créer, Rollo May
Créez votre vie, Jean-François Decker
La culpabilité, Lewis Engel et Tom Ferguson
Le défi de l'amour, John Bradshaw
Dire oui à l'amour, Leo Buscaglia
Dominez les émotions qui vous détruisent, Dr Robert Langs
Dominez vos peurs, Vera Peiffer
La dynamique mentale, Christian H. Godefroy
Éloïse, poste restante, Loïse Lavallée
Les enfants dictateurs, Fred G. Gosman
Les enfants hyperactifs et lunatiques, Dr Guy Falardeau
Entre le cœur et l'âme, Robert Sardello
Êtes-vous parano?, Ronald K. Siegel
L'éveil de votre puissance intérieure, Anthony Robins
* **Exit final — Pour une mort dans la dignité**, Derek Humphry
Focusing au centre de soi, Dr Eugene T. Gendling
La famille, John Bradshaw
* **La famille moderne et son avenir**, Lyn Richards
La fille de son père, Linda Schierse Leonard
La Gestalt, Erving et Miriam Polster
Le grand voyage, Tom Harpur
Harmonisez votre corps et votre esprit, Ian McDermott et Joseph O'Connor
L'héritage spirituel d'une enfance difficile, Josef Kirschner
Les illusions du bonheur, Harriet Lerner
L'influence de la couleur, Betty Wood
Je ne peux pas m'arrêter de pleurer, John D. Martin et Frank D. Ferris
Lâcher prise, Guy Finley
Leaders efficaces, Thomas Gordon
* **Les manipulateurs**, E. L. Shostrom et D. Montgomery
Messieurs, que seriez-vous sans nous?, C. Benard et E. Schlaffer
Mieux vivre avec nos adolescents, Richard Cloutier
Le miracle de votre esprit, Dr Joseph Murphy

Née pour se taire, Dana Crowley Jack
Ne t'endors jamais le cœur lourd, Carol Osborn
Ni ange ni démon, Stephen Wolinsky
Nous sommes nés pour l'amour, Leo Buscaglia
Nouvelles relations entre hommes et femmes, Herb Goldberg
Option vérité, Will Schutz
L'oracle de votre subconscient, Dr Joseph Murphy
Osez dire non!, Vera Peiffer
Parents au pouvoir, John Rosemond
Parlez pour qu'on vous écoute, Michèle Brien
Paroles de jeunes, Barry Neil Kaufman
La passion de grandir, Muriel et John James
Pensées pour lâcher prise, Guy Finley
* **La personnalité**, Léo Buscaglia
Peter Pan grandit, Dr Dan Kiley
Le pouvoir créateur de la colère, Harriet Goldhor Lerner
Le pouvoir de la motivation intérieure, Shad Helmstetter
La puissance de la pensée positive, Norman Vincent Peale
La puissance de votre subconscient, Dr Joseph Murphy
* **Quand l'amour ne va plus**, Ann Jones et Susan Schechter
Quand on peut on veut, Lynne Bernfield
Questions réponses sur le plaisir sexuel de la femme, D. Brouillette et M. C. Courchesne
* **La rage au cœur**, Martine Langelier
Rebelles, de mère en fille, Linda Schierse Leonard
Réfléchissez et devenez riche, Napoleon Hill
Retrouver l'enfant en soi, John Bradshaw
S'affirmer — Savoir prendre sa place, R. E. Alberti et M. L. Emmons
S'affranchir de la honte, John Bradshaw
S'aimer ou le défi des relations humaines, Leo Buscaglia
S'aimer sans se fuir, Roy F. Baumeister
Savoir quand quitter, Jack Barranger
Les secrets de la communication, Richard Bandler et John Grinder
Se faire obéir des enfants sans frapper et sans crier, B. Unell et J. Wyckoff
Seuls ensemble, Dan Kiley
La sexualité des jeunes, Dr Guy Falardeau
Le succès par la pensée constructive, Napoleon Hill
La survie du couple, John Wright
Tous les chemins mènent à soi, Laurie Beth Jones
Triomphez de vous-même et des autres, Dr Joseph Murphy
* **Un homme au dessert**, Sonya Friedman
* **Uniques au monde!**, Jeanette Biondi
Vaincre l'ennemi en soi, Guy Finley
Vivre à deux aujourd'hui, Collectif sous la direction de Roger Tessier
Vivre avec passion, David Gershon et Gail Straub
Les voies de l'émerveillement, Guy Finley
Votre corps vous parle, écoutez-le!, Henry G. Tietze
Vouloir vivre, Andrée Gauvin et Roger Régnier
* **Vous êtes doué et vous ne le savez pas**, Barbara Sher
Vous êtes vraiment trop bonne..., Claudia Bepko et Jo-Ann Krestan

* Pour l'Amérique du Nord seulement.
(97/11)

imprimerie gagné ltée

IMPRIMÉ AU CANADA